中国名镇志文化工程
Culture Project of Local Records of China's Famous Towns
中 国 名 镇 志 丛 书

石牌镇志

LOCAL RECORDS OF SHIPAI

安徽省怀宁县石牌镇志编纂委员会 编

方志出版社
Publishing House of Local Records

图书在版编目（CIP）数据

石牌镇志 / 安徽省怀宁县石牌镇志编纂委员会编．—
北京：方志出版社，2022.9
（中国名镇志丛书）
ISBN 978-7-5144-4985-3

Ⅰ．①石…　Ⅱ．①安…　Ⅲ．①乡镇–地方志–怀宁县
Ⅳ．① K295.45

中国版本图书馆 CIP 数据核字（2022）第 058703 号

责任编辑：王海荣
责任校对：刘玉霞
责任印制：赵楚
出 版 者：方志出版社
地　　址：北京市朝阳区潘家园东里 9 号（国家方志馆 4 层）
邮　　编：100021
网　　址：http://www.zgfzcb.cn
发　　行：方志出版社图书营销中心（010–67110500）
印　　刷：北京中科印刷有限公司
开　　本：787 毫米 ×1092 毫米　1/16
印　　张：15.25
字　　数：270 千字
版　　次：2022 年 9 月第 1 版
印　　次：2022 年 9 月第 1 次印刷
定　　价：138.00 元

序一

习近平总书记指出："不忘历史才能开辟未来，善于继承才能善于创新……只有坚持从历史走向未来，从延续民族文化血脉中开拓前进，我们才能做好今天的事业。"中国优秀传统文化是在漫长的历史长河中历经无数次涤荡和沉淀而形成的思想精髓，蕴藏着无穷的宝藏和无尽的力量。发掘和继承优秀传统文化，是延续中华文明"根"与"魂"的必由之路。与时俱进，推动传统文化不断开拓创新，是中华文明常葆勃勃生机的重要保证。

"国有史，邑有志。"编修地方志是中国特有的文化现象，是中华民族的优秀文化传统。数千年来，连绵不断的志书编修为保护中华民族根脉，传承中华文明发挥了不可替代的作用。中国现存古志有 8000 余种，占现存古籍的十分之一。中华人民共和国成立以来，编修完成数万种省、市、县三级综合性行政区域志、部门志、行业志、专志等，编纂数万种地方综合年鉴、行业年鉴和专门年鉴等，整理出版数千种历代方志及相关研究成果，发表相当数量的方志理论与年鉴理论研究成果。这既是对我国国情、地情持续开展的大规模普遍调查，也是对各地自然与社会发展状况进行的综合研究，其成果构成了一座丰富的文化资源宝藏，为各级领导科学决策提供了重要参考，为推动经济社会发展和文化建设发挥了重要作用。

当前，中国特色社会主义进入新时代，全国地方志事业也进入新时代。如今的地方志事业围绕党和国家利益、经济社会发展，以人民为中心开拓创新，志、鉴、馆、史"四驾马车"并驾齐驱，志、鉴、馆、网、库、用、会、刊、研、史"十业并举"，加快实现在全国范围内全面推进地方志从一项工作向一项事业转型升级。在党中央、国务院的亲切关怀和各级地方志工作者的共同努力下，一批紧密结合社会发展需求、具有独特创造性的工作逐步开展，涵盖中国名镇志、中国名村志、中国名山志、中国名水志、中国名街志等"名志"系列文化工程是其中代表。作为首个"名志"系列文化工程的中国名镇志文化工程，启动于 2015 年，至今已是第三个年头。中国名镇志丛书在记述主体上，选择中国历史文化名镇、经济强镇、特色镇等在全国具有影响力和代表性的乡镇，旨在全面展示中国名镇的文化精髓；在内容题材选择上，重在突出不同名镇的“名”和“特”，力求集中体现不同名镇最精彩的部分，增强可读性；在志书编纂程序设置方面，志书申报、篇目设计、专家审读、专家组验收等流程环环相扣，紧密结合，力争把每一部志书都打造成精品佳志。

习近平总书记指出：“历史和现实都表明，一个抛弃了或者背叛了自己历史文化的民族，不仅不可能发展起来，而且很可能上演一场历史悲剧。”2018 年是改革开放 40 周年，40 年来中华大地发生了翻天覆地的变化，乡镇发生了极为深刻的改变，从粗茶淡饭到有机食品，从粗布衣裙到精美时装，从土屋平房到高楼大厦，人民生活水平大大提高，城乡差距不断缩小。然而，在感受辉煌成就的同时，我们也应该看到，许多精巧的古建、精湛的工艺、亲切的乡音、独特的乡俗也在快节奏的发展中与我们渐行渐远，曾经的家乡正逐渐变为记忆中的故园。

党的十九大报告提出乡村振兴战略，此后党中央、国务院又推出一系列重大举措。实施乡村振兴战略，必须全面加强乡村文化建设，培养乡村文化自信，培植文化之“根”，铸牢文化之“魂”。没有乡村文化的高度自信，没有乡村文化的繁荣发展，就难以实现乡村振兴的伟大使命。振兴乡村文化，既要塑形，更要铸魂，必须遵循乡村发展的客观规律，在发展中把文化的精髓保留下来，把乡土味道、乡村风貌的“魂”传承下去。在保留优秀乡村文化内核的基础上，用现代表现方式，把反映时代精神、先进理念的内容通过群众喜闻乐见的文化产品表达出来，才能够让乡土文化具有更强大的生命力。用创新性的模式书写乡镇志，传承和抢救乡土历史文化，激发爱国爱乡情怀，为探索中国特色新型城镇化发展经验、发展模式、发展道路提供历史智慧和现实借鉴，正是实施中国名镇志文化工程的目的和意义所在。

“月是故乡明”。中国人素有“家国情怀”，家乡的山水是最为美丽的，家乡的风俗是充满温暖的，一声亲切的乡音，一口熟悉的家乡菜，都能拨动游子的心弦，让其魂牵梦萦。中国名镇志丛书是一套全面梳理中国名镇历史人文，挖掘文化特色，突出“名”和“特”的镇志。它能让人民群众深刻感受到本土本乡自然的优美、历史的醇厚、人物的杰出、艺文的风雅等，有助于培养人民群众对家乡文化的自信，激发起人民群众浓烈的爱乡爱国情怀，助力国家新型城镇化建设和乡村振兴战略的实施。

是为序。

中国社会科学院原院长
中国地方志指导小组原组长　谢伏瞻

序二

连绵不断地编修地方志是我国特有的文化传统，为传承中华文明作出了巨大的贡献。在党中央、国务院的高度重视和支持下，这一古老的文化传统焕发勃勃生机，展现新的活力，成为保存、继承、发扬光大中华优秀传统文化的重要依托，培育和践行社会主义核心价值观的重要媒介，社会主义先进文化建设的重要组成部分，发展中国特色社会主义，增强道路自信、制度自信、理论自信的重要载体，在实现“两个一百年”奋斗目标和中华民族伟大复兴中国梦进程中具有不可替代的地位和作用。

事物总是在不断发展中前进。经过改革开放以来 30 余年的发展，中国特色地方志事业与传统的编修地方志已不可同日而语，形成了志（志书）、鉴（年鉴）、库（地情数据库）、馆（方志馆）、网（地情网站）、刊（期刊）、会（学会）、研（理论研究）、用（开发利用）等多业并举的新格局。截至 2015 年 10 月底，全国编纂完成首轮、二轮省、市、县志书 8000 多种，编修部门志、行业志、专业志、乡镇村志 27000 多种，编纂地方综合年鉴 2300 多种，累计整理旧志 2500 多种，还编纂出版了大量的地情书，字数以百亿计，形成以反映国情、地情为主要内容，全面系统、持续不断、卷帙浩繁的社会科学成果群。另外，还开通了 27 个省级网站、230 个市级网站、816 个县级网站；建成国家方志馆 1 个、省级方志馆 16 个、市级方志馆 86 个、县级方志馆近 300 个。这些成果，成为国家极为重要的文化资源，是国家文化软实力和公共文化服务体系的重要组成部分。

最近几年，地方志工作的触角在不断延伸，部门志、行业志、专业志、特色志、乡镇村志编纂方兴未艾，成为当前地方志事业发展新的增长点和亮点。特别是乡镇志，兴起了编纂热潮，从自发的民间行为逐渐过渡为政府组织的文化行为，有的省份以政府令形式将其纳入地方志编修范畴，像河南省还以省政府办公厅名义要求全省普修乡镇志。乡镇志并不是一个新生事物，据现有资料可考，宋代常棠所撰《澉水志》是现存最早的一部乡镇志。与省、市、县三级志书相比，乡镇志虽属小志，但意义却不小，特别是在当前国家全力推进新型城镇化建设的背景下，乡镇志的作用更显重要。

启动中国名镇志文化工程，是适应当前新型城镇化建设形势发展需要、地方志事业发展形势需要的重要举措，也是充分发挥地方志存史、资政、育人功能的重要手段。作为最基层行政组织的志书，镇志是最接近中国社会发展变迁的国情、地情记录文本，具有重要的历史文献价值。而作为充分反映本区域自然、政治、经济、文化和社会的历史与现状的资料性文献，镇志又能全面展示发展脉络，摸索发展经验，为探索中国乡镇未来发展方向提供借鉴和参考。当然，对于祖祖辈辈生于斯长于斯的中国人来说，故乡就是一个魂牵梦萦的地方，故乡的情怀终生难忘。留得住乡愁，记得住乡思，充分展示名镇文化魅力，激发爱乡、爱国情怀，正是中国名镇志文化工程题中应有之义。

是为序。

中国社会科学院原院长
中国地方志指导小组原组长　王伟光

序三

“国有史，邑有志”，中国自古就有注重编史修志的传统。按照我国目前地方志行政法规，国家各级地方志机构的法定职责是编纂省、市、县三级志书，并不包括县以下的乡镇志和村志。这种规定，一方面可能因为全国有数百万自然村落和数万乡镇，全部实行官修很难实现；另一方面可能因为我国历史上就有“皇权止于县”的说法，县以下的民间社会历来是一个以自治为主的领域。然而，改革开放几十年来，我国社会正在发生巨变，这种巨变在基层社会的乡镇、村落、家庭领域更为深刻。作为“乡之首，城之尾”的镇，逐渐被日益崛起的大都市淹没了光彩，村落在快速的城镇化过程中每天都在大量消失，农村家庭的小型化、空巢化趋势非常突出。在这种情况下，我一直在思考，如何留得住历史文化记忆和乡愁，如何把修志的工作向基层社会延伸？

中国人的“家国情怀”，是从“诚意、正心、修身”开始，到实现“齐家、治国、平天下”。所以从国家一统志，省、市、县三级志，到乡镇志、村志、家谱，也是一个完整的系统。

正是在这种背景下，我们决定启动中国名镇志文化工程。乡镇是无数中国人生命的底色和成长的摇篮。如何在城镇化进程中，留得住乡愁，记得住乡音，忘不了乡思，事关城镇化进程的人文关怀和文化保护，事关文化血脉的传承。同时，科学记录城镇化进程，反映城镇化成就，也为今后探索城镇化发展规律、积累经验提供了基本素材。作为全面系统记述一定行政区域的自然、政治、经济、文化和社会的资料性文献，志书是以上功能最好的载体。

我国目前有 4 万多个乡镇，全部修乡镇志还不具备条件。中国名镇志丛书选择的是传统文化名镇、历史军事重镇、革命历史名镇、民族特色名镇、特色经济名镇、旅游景观名镇等类型的乡镇，应该是最具代表性的，在中国乡镇文化传承和社会发展中具有标杆意义。

编纂中国名镇志丛书是对乡土历史文化的保护。随着城镇化进程加快，有不少乡镇被撤并，有些还是在历史上有重要意义的历史文化名镇、特色镇等。如不及时对其历史进行整理、记录，这些重要的历史资料将散佚殆尽。因此，中国名镇志丛书的编纂是对宝贵历史资料的抢救。

编纂中国名镇志丛书是对乡土意识的传承。什么东西有魅力？故乡的山水，乡音乡情的记忆，乡土的气息和家乡菜的味道，不管走到哪里，总是触动心弦。中国名镇志丛书记录的是家乡的山山水水，家乡的历史文化，家乡的风土人情，留住的是乡愁。这些最能激发远方游子和本地民众的爱乡情怀、爱国情怀。

编纂中国名镇志丛书是一种学术探索。镇志的编纂，实质也是一次深入的社会调查研究。“麻雀虽小五脏俱全”，相比省、市、县，乡镇第一手资料的获得需要付出更大的努力。我们也希望在志书编纂上有所创新，使中国名镇志丛书成为一套图文并茂、雅俗共赏的新型志书。

中国社会科学院原副院长
中国地方志指导小组原常务副组长　李培林

安徽省怀宁县石牌镇志编纂委员会

主　任　谢长兵　张　智　王朝阳　陈　刚　黄一林

副主任　盛加节　何承雪　王一佳

委　员　程方满　胡新根　陈宁娟　曾晓国　郝晚晴
李直平　方卫红　曹　明　陈方维　王　翔
韩艳华　江　文　江玉娣　汪邦李　昂海波
陈宗泽　汪　婷　丁士贞　董杨根　曹　葵
操振东　胡张杰　吴　丹　潘　邦　程齐焰
邱乾龙　陈　翀

顾　问　何玉龙　何成结　张　亭　汪　华　詹善宁

安徽省怀宁县石牌镇志编辑人员

主　编　何承雪

编　辑　江汪晟　王永生　朱犬华　陈何来　占婷婷

摄　影　张铁鑫　涂成志　王宝廷　黄国华

中国名镇志丛书凡例

一、以马克思列宁主义、毛泽东思想、邓小平理论、“三个代表”重要思想、科学发展观、习近平新时代中国特色社会主义思想为指导，坚持辩证唯物主义和历史唯物主义的立场、观点和方法，存真求实，全面、客观、系统记述中国名镇城镇化进程和改革开放成果，反映小康社会建设过程，传承和抢救乡土历史文化，激发爱国爱乡情怀，留住乡愁，为探索中国特色新型城镇化建设、服务乡村振兴战略提供历史智慧和现实借鉴。

二、为全面反映入志事物发展脉络，各志上限尽量追溯至事物发端，下限一般断至各志启动编修年份，个别重大事项可延至搁笔。详今明古，着重反映时代特色和地方特点，重点体现各镇的“名”与“特”。

三、记述地域范围以下限年份的行政辖区为主。为体现名镇在更大区域内的意义，可以从更开阔的区域视野记述与该镇相关的内容。

四、统一采用纲目体，设类目、分目、条目三个层次。横排门类，纵述史实，述而不论。

五、综合运用述、记、志、传、图、表、录等体裁，以志体为主。体裁运用适当创新，篇目设置不求面面俱到。

六、除引用文字和附录文献资料外，统一使用规范的现代语体文记述，行文力求朴实、严谨、简洁、流畅、优美，可读性强。

七、人物部类遵循“生不立传”原则，人物传主按生年排序，只选录对本镇发展有重大影响的人物，不面面俱到。

八、各项数据一般采用国家统计部门数据。数据缺乏的，采用主管部门或主办单位正式提供的数据。

九、数字用法、标点符号用法分别采用国家标准《出版物上数字用法》（GB/T 15835—2011）、《标点符号用法》（GB/T 15834—2011），计量单位采用国家技术监督局 1993 年 12 月发布的《量和单位》系列国家标准。历史上使用的计量单位，如斗、石、里、尺、磅、华氏度等，在引文时可照录。考虑到社会使用习惯，全书中亩不统一换算。

十、中华民国成立前的纪年，使用朝代年号纪年，括注公元年份；中华民国成立后的纪年，均使用公元纪年。志中所称“解放前（后）”，以该镇解放日为界；“新中国成立前（后）”，以中华人民共和国成立日 1949 年 10 月 1 日为界；“改革开放前（后）”，以 1978 年 12 月中共十一届三中全会召开为界。本志“××年代”，凡未加世纪者，均指 20 世纪。

十一、为节省篇幅，避免重复，本志采用条目互见法。参见条目的表示形式为：参见本志“××类目·××分目·××条目”。

十二、对旧志、古籍中的繁体字、冷僻字一般用简化字或通用字替换，易引起误解的则保留。

十三、记述各个历史时期的党派、机构、职务、地名等，均以当时的名称为准。对频繁使用的名称，首次用全称并括注简称，其后用简称。

十四、各镇志需要单独说明的事项，均在各自编后记中记述。

石牌镇在中国的位置

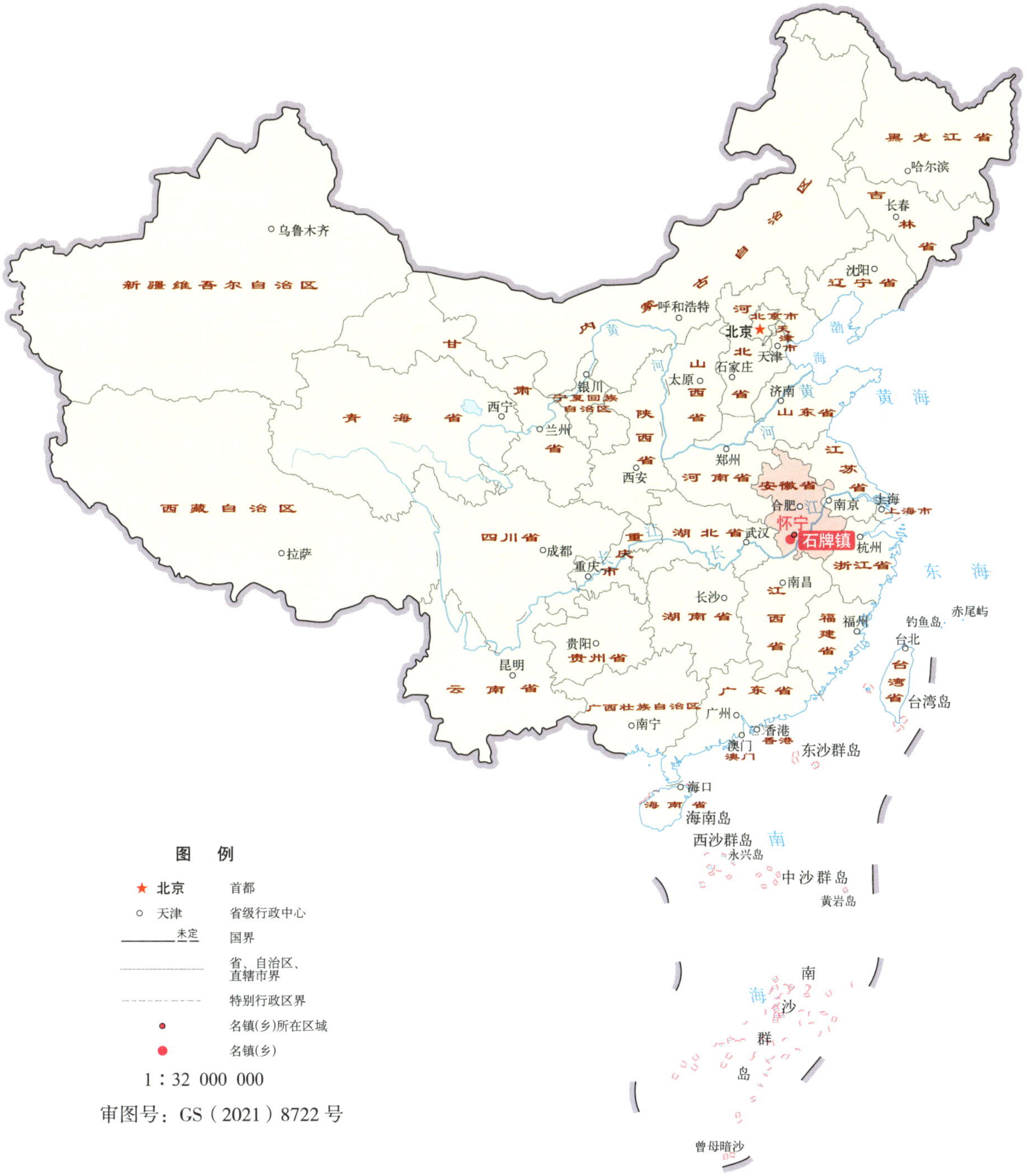

审图号：GS（2021）8722 号

石牌镇在安徽省的位置

1：3 060 000

审图号：GS（2021）8722 号

石牌镇地图

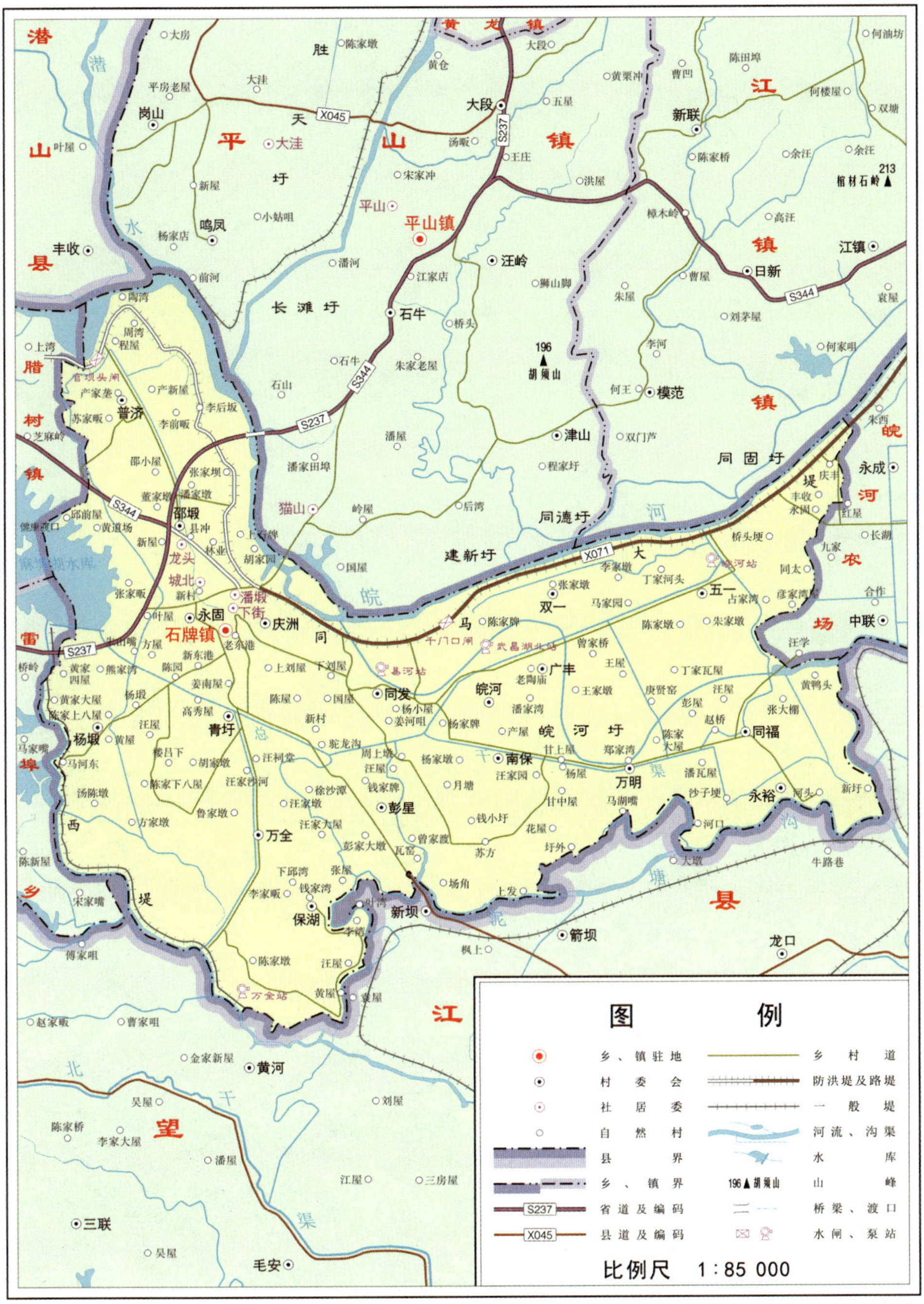

怀宁县人民政府 策划 安徽省第四测绘院 编制 审图号：宜S（2018）002号 二〇一八年六月

石牌镇全景（2017年4月）

麻塘湖全景（2017年）

2015年，石牌镇普济村获评“全国民主法治示范村”

刁河生态公园夜景（2019年）

宜塘街花海石雕（2018年）

石牌戏曲文化特色小镇展厅（2018年）

2019年10月，石牌镇作为戏曲文化特色小镇参加第二届长三角（上海）国际文化产业博览会

2018年5月，泰和祥戏装盔帽参展第十四届中国（深圳）国际文化产业博览交易会

2017年2月，石牌镇开展“新春走基层 文化中国年”活动

2017年10月，首届"京黄故里"石牌戏会在石牌初中礼堂举行

2019年，农民丰收期间举行"晒丰收·石牌老街夜游会"

目录

概述

石牌：山无名岳，唯猫山雄奇，横亘于北；水有丽波，皖河晨曦、麻塘湖夕照，景观宜人。她集千年古镇、商贸重镇、徽黄故里于一身，是个古老的集镇。

戏曲之乡四月天（2017年）

石牌古称石牌口，亦名宜塘。长河、潜水、皖河交汇于其西两千米处，形成水乡泽国，远看地处中段的筲箕山如排（牌）浮水，故名石牌。北宋建隆年间（960—963），石牌见诸史端。千年岁月沧桑，石牌逐渐演绎为皖西南商贸重镇。石牌梨园名伶荟萃，枞阳—桐城一带是“京剧之父”徽剧的发源地。1915 年《怀宁县志》载，石牌“粟布云集，货贿泉流，为怀宁诸镇之首”。1938 年日本侵略军占领安庆，怀宁县治自安庆迁至石牌，石牌成为皖西南抗战前线与大后方交叠之地。1945 年日本投降后，怀宁县治迁至安庆，1949 年石牌镇人民政府成立，1950 年怀宁县治迁至石牌，21 世纪初迁至高河。石牌作为怀宁县政治、经济、文化中心长达半个世纪。

石牌，濒长江，枕皖河，土地肥沃，民风淳朴，文化繁荣，交通便利。距高铁安庆西站、天柱山民航机场和长江安庆港口 40 千米，距广济高速公路（广州—济南）腊树出口 8 千米，省道 237、238、344 贯穿石牌，连通全国。

自北宋开埠以来，石牌一直是皖西南商贸要津。潜山、岳西的竹木、柴薪，太湖的生漆、绿茗，望江的米粉、棉花，宿松的药材、丝麻，皆由石牌码头运往外埠。清朝中叶，石牌已成为远近闻名的商业中心，江西、福建、湖北等地客商纷纷在此设馆驻节。

石牌镇是全国四大肠衣加工基地之一，肠衣肝素钠产品远销东南亚、欧美。龙凤贡面、顶雪贡糕仍保留着传统的制作工艺，畅销海内外。麻塘鲫鱼、石牌芹菜芽、石牌山药、皖河黑猪等土特名产远近闻名，水粄粑、河水煮河鱼、粉蒸肉、什锦菜、康乐菜等特色小吃，给人以舌尖上的享受。

石牌，皖河长子，“千年古镇”闻名遐迩，“徽黄故里”誉满天下。徽剧，京剧之父，清代包世臣《都剧赋》云：“徽班昳丽，始自石牌。”自清乾隆以来，石牌名伶遍及华夏，“徽班进京”第一人高朗亭、“京剧鼻祖”程长庚、“京剧大师”杨月楼、“武生宗师”杨小楼，从石牌走出，扬名京沪，梨园界有“无石不成班”之说。黄梅戏，全国五大剧种之一，发源于石牌一带。“怀腔”，皖河水浸润出来的声腔，石牌人田间地头、乡里街坊唱出来的声腔，是黄梅戏的正宗腔系、黄梅戏唱腔的“活化石”。黄梅戏表演艺术家严凤英认为石牌是她的第二故乡。

石牌，人杰地灵，民性宽厚，崇礼法，尚节义，喜攻书，好研艺，乐农桑，勤耕织，善商贾，巧经营。独特的人文环境，造就出许多杰出人物，或社会名流，或行业名家，或杏坛名师：明隆庆五年（1571）进士、方伯二品衔刘尚志，明末文状元刘若宰，热心于公益的富商盛朝瑞，教育家程演生、陈我鲁，书法家、诗人潘伯鹰，公路专家刘贻燕，作家潘军，中国工程院院士程京等。

1999—2013年，石牌镇先后被评为“安徽省中心建制镇”“安徽省重点中心镇”“全国重点镇”“全国特色文化产业示范镇”。

2017年，石牌镇入选全国第二批特色小镇、安徽省首批特色小镇。

恰逢新时代，古镇焕发新颜。石牌宛如一颗明珠，镶嵌在皖西南大地上。

基本镇情

石牌镇位于皖西南天柱山南麓，长河、潜水、皖河汇流于此。皖河向东流入长江，两岸沃野平旷，气候湿润，降水充沛，光照充足，四季分明，物产丰饶，交通便利，自古为皖西南物资集散地。

位于丁字街128号的石牌镇政府旧址（20世纪70年代）

区位交通

区位 石牌镇位于安徽省安庆市怀宁县西南部，北纬 30° 21′，东经 116° 28′。东邻安庆市皖河农场，西交怀宁县雷埠乡、腊树镇，南接望江县高士镇，北隔皖河与怀宁县平山镇、江镇镇相望。

交通 石牌镇距安徽省省会合肥 210 千米，距高铁安庆西站、天柱山民航机场、长江安庆港口和怀宁县城高河镇均为 40 千米，距广济高速公路腊树出口 8 千米。

安庆长江公路大桥、望东长江公路大桥与贯穿石牌镇的省道 237、238、344 相连接，构成了石牌快速便捷的交通网络。

原怀宁县政府、现石牌镇政府办公楼（2018年）

皖河村党群服务中心（2016年）

建置沿革

石牌来历　石牌地名含义颇丰，主要流传两种说法。

古代石牌一带是水乡泽国。三支水流在镇西两千米处汇合，地处镇域中段的筲箕山露出水面，宛如筲箕反扣水上，远远望去，如排（牌）浮水，故名石牌，此一说。

石牌地区以“牌”命名的村落、集镇有十个：上石牌、下石牌、杨家牌、陈家牌、汪家牌、程家牌、李家牌、鲁家牌、钱家牌、苏家牌，因“十”与“石”同音，故曰石牌，此二说。

历史沿革　东晋义熙年间（405—418）始置怀宁县，石牌归怀宁县辖区。清末民国初，石牌地区隶属怀宁县尧年乡。

1938 年，日本侵略军侵犯安徽，省会安庆陷落，怀宁县治迁往石牌。

1939 年 4 月，石牌镇公所成立。

1945 年日本投降后，县治迁回安庆。

1949 年 3 月 24 日，中国人民解放军进驻石牌。翌日，在潘氏宗祠广场召开千人大会，宣告石牌解放。同年 6 月，石牌镇人民政府成立。废保甲，成立街、村，下设行政小组。

1950 年 12 月，怀宁县治迁至石牌。

1951 年 10 月，成立中共石牌镇委员会。

1953 年 2 月，街改为街道委员会，村改为村民委员会，石牌镇政府机关办公地点，由上街头搬到下石牌丁字街 128 号。

1958 年 8 月，撤并城关镇、石牌区，成立皖河人民公社，石牌镇归其管辖。

1959 年 2 月，石牌镇从皖河人民公社划出，成立城关人民公社，辖上石牌、下石牌 2 个街道委员会及猫山、潘塅、龙头、巨网 4 个生产大队。

1982 年 10 月，撤销城关人民公社，恢复石牌镇建制，行政区域不变。

1984 年，石牌镇辖上街、下街 2 个社区和猫山、潘塅、龙头、巨网 4 个村。

1986 年，石牌镇政府机关办公地点由丁字街 128 号迁至皖河大道 64 号。

1992 年，撤区并乡，皖河乡的普济、邵塅、庆洲、邵一、永固（窖银、龙山、水库、公路、九华、青塘、朱屋 7 个村民组）5 个村，平山乡的牛行、石山、汪岭、路西、平山、大塅 6 个村，江镇镇的天津、良山 2 个村划归石牌镇。石牌镇辖 17 个行政村和

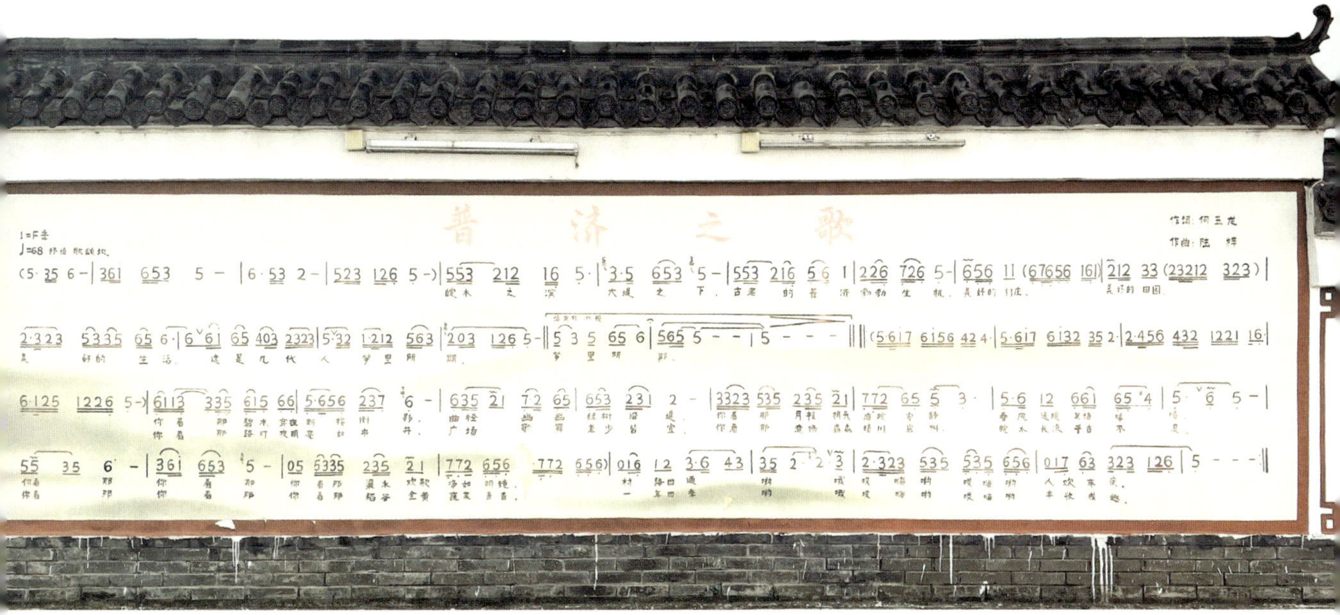

普济村村民广场文化墙上的《普济之歌》（2016年）

同福村民广场（2017年）

万明村民广场（2017年）

上街、下街、中盛街、姜网 4 个社区。

2002 年 1 月，县城迁址，石牌镇政府搬迁至原县政府办公楼。

2004 年 8 月，皖河乡并入石牌镇，猫山、牛行、石山、汪岭、路西、平山、大塅、天津、良山村划归平山镇。石牌镇辖普济、邵塅、庆洲、永固、永裕、同福、万明、五一、双一、广丰、皖河、同发、南保、彭星、保湖、万全、青圩、杨塅 18 个行政村和潘塅、龙头、城北、下街 4 个社区。

自然环境

地形地貌 石牌镇属于长江平原区的低山、丘陵、岗地、湖泊等综合型地形地貌。自然地貌属于皖河冲积平原，地质构造优良，在灰红色砂岩中偶尔夹有薄砂砾层，地下水资源丰富。红砂层上覆盖的是新生代黄褐砂土，结构坚实，地基承载力 15 ~ 18 吨 / 平方米。地表构成除水面、林地、荒滩、荒坡外均为水田、旱地，土壤肥沃，适宜农作物生长。

气候物候

气候　石牌镇属于亚热带湿润季风气候区，四季分明，气候温和，降水充沛，光照充足，春温夏热，春夏多雨，秋冬常晴，霜雪期短，年平均气温 14.5℃～16.6℃，年平均降水量 1250 ～ 1430 毫米。

春季大约自 3 月上旬至 5 月上旬，回暖较快，冷暖气流交替频繁，常有倒春寒天气出现，平均气温 16℃，风向多变，以东北风为主。

夏季大约自 5 月中旬至 9 月中旬。6 月中旬入梅，7 月中旬出梅，梅雨期雨量集中，大雨、暴雨多，空气湿度大，7 月上旬至 8 月上旬为仲夏期，温度高，日照强，蒸发量大，是一年中最炎热的时期，极端最高气温 39.9℃（1988 年 7 月 10 日）。

秋季大约自 9 月下旬至 11 月下旬，昼夜温差大，多雾少雨，秋末偶有霜雪出现。

冬季大约自 12 月上旬至次年 2 月。多北风、东北风。季平均风速 3.3 米 / 秒，最大风速 20 米 / 秒，多晴冷天气，季平均气温 5℃，极端最低气温 −15℃（1999 年 12 月 29 日）。

自然灾害　主要是洪涝、干旱，洪涝主要发生在夏季的梅雨期，干旱则四季时有发生，以伏旱和冬旱最为突出。春末夏初、夏末秋初多风，偶有冰雹，造成农作物、房屋受损，甚至人畜伤亡。

物候　域内动植物随季节而变化：春季春暖花开柳枝青，夏季骄阳似火闻蝉鸣，秋季燕子南归草木衰，冬季昆虫休眠树木枯。

河湖水系　石牌镇水系主要有皖河、庆洲河、刁河、麻塘湖。

皖河流经石牌镇，由西北向东南，经江镇、洪铺、山口、海口注入长江。境内河岸线西起官坝头、下至五一村，全长约 15 千米，河宽 500 米左右，最高水位 21.15 米（1983 年 7 月 5 日），正常水位 12.5 米左右，雨季石牌至安庆之间可通行小型轮船。

20世纪60年代以前的石牌镇水系示意图

庆洲河位于石牌镇东南，为皖河故道，因皖河改造而成内河。夏季最

1958年，万人兴修皖河同马大堤

高水位 15.5 米，冬季最低水位 14 米。

刁河属皖河水系，原为官山至石牌之间的一条小河，筑官坝后，成为万全圩的一条灌溉渠道，从官坝闸进水，经普济村、龙头社区、石牌镇区，流入望江县境内。

麻塘湖水库为内陆湖泊，湖水清澈，水质优良，是一座集农业灌溉、城市防洪、城镇居民用水于一体的中型水库，隶属安庆市水利局管理，始建于 1957 年 11 月。土质大坝，坝长 770 米，宽 7 米，坝顶高程 20.3 米，底高程 17 米，底宽 75 米，水面面积 81.3 平方千米。溢洪道为开敞式，最大泄洪流量每秒 371 立方米，历史最高水位发生于 1977 年 7 月 29 日，达 18.88 米，泄洪量达每秒 290 立方米。灌区跨石牌镇、望江县高士镇，灌溉面积 53.36 平方千米，近万亩湖面已开发成怀宁县渔业生产基地，水库每年向石牌镇提供 150 万立方米的居民优质用水。

麻塘湖水库宛如明镜，镶嵌于青山绿水间，是天然的泳池和理想的垂钓之地，更是举棹放舟之佳境，湖中有岛，名神墩。

自然资源

动物

鸟类　乌鸦、喜鹊、八哥、画眉、斑鸠、翠鸟、子规、野鸡、麻雀、鸽子、燕子、白头翁、猫头鹰、灰喜鹊、大山雀等。

兽类　獾、鼠、山兔、刺猬、野猪、黄鼠狼等。

水产类　青鱼、草鱼、鲢鱼、鲇鱼、鲫鱼、鲤鱼、鳜鱼、刀鱼、黑鱼、甲鱼、乌

夕阳下的麻塘湖（2019年）

龟、黄鳝、泥鳅、田螺、河蚌、螃蟹、龙虾、毛花鱼、鲂等。

其他　水蛇、赤链蛇、蚯蚓、蜗牛、青蛙、蟾蜍、黄蜂、马蜂、蜈蚣、壁虎、蜻蜓、蝴蝶、蟋蟀、螳螂等。

植物

粮油类　水稻、小麦、大麦、荞麦、玉米、高粱、大豆、蚕豆、豌豆、绿豆、黑豆、红豆、红薯、花生、油菜、芝麻等。

纤维类　棉花、苎麻、黄麻等。

糖类　甘蔗。

蔬菜类　青菜、大白菜、紫薹菜、芹菜、茼蒿、苋菜、芥菜、莴苣、芫荽、萝卜、胡萝卜、黄瓜、冬瓜、菜瓜、甜瓜、瓠瓜、葫芦、南瓜、大葱、洋葱、四季葱、丝瓜、韭菜、豇豆、扁豆、刀豆、辣椒、西红柿、茄子、马铃薯、生姜、山药、莲藕、茭白、芡实、荸荠、慈姑、黄花菜、蘑菇等。

树木类　水杉、马尾松、意杨、枫树、泡桐、梧桐、楝树、柳树、刺槐、椿树、樟

刁河生态公园一角（2019年）

树、桂花树、柏树、梨树、桃树、枇杷树、杏树、石榴树、桑树、银杏树、油桐、雪松、棕榈、铁树、梅等。

矿产 主要有铜、铅、锌和白云石。储量最为丰富的是黄沙，约1500万立方米，其中可开采的优质黄沙约1000万立方米。

人口 民族 姓氏

人口 1982年第三次全国人口普查，石牌镇户籍人口1.8402万人；1990年第四次全国人口普查，石牌镇户籍人口2.2187万人；2000年第五次全国人口普查，石牌镇户籍人口5.6480万人；2010年第六次全国人口普查，石牌镇户籍人口7.6285万人，其中男性3.8844万人，女性3.7441万人，人口出生率1.2‰，死亡率0.79‰，自然增长率0.41‰。

2015 年，90 岁以上的老人 214 人，百岁老人 3 人。截至 2018 年 5 月，石牌镇户籍人口 7.875 万人，其中男性 4.053 万人，女性 3.822 万人。落户经商外来人口 1.5 万余人。

民族 石牌镇人口以汉族为主，截至 2018 年，有 14 个少数民族：回族 104 人，满族 6 人，壮族 15 人，苗族 12 人，蒙古族 1 人，朝鲜族 1 人，白族 4 人，彝族 3 人，侗族 2 人，布依族 2 人，土家族 16 人，哈尼族 3 人，锡伯族 1 人，布朗族 7 人。

姓氏

2018 年年底，石牌镇共有 162 个姓氏。

千人以上姓氏 陈姓 10620 人，王姓 9240 人，汪姓 5939 人，潘姓 3869 人，李姓 3758 人，产姓 2810 人，钱姓 2640 人，檀姓 2432 人，刘姓 2161 人，黄姓 1954 人，董姓 1919 人，何姓 1873 人，鲁姓 1720 人，姜姓 1646 人，张姓 1585 人，周姓 1584 人，邵姓 1375 人，朱姓 1345 人，程姓 1310 人，彭姓 1248 人，曾姓 1220 人，方姓 1182 人，邱姓 1041 人，共 23 个姓氏。

千人以下姓氏 胡、徐、吴、丁、国、甘、郑、孙、曹、杨、郝、贾、余、江、范、林、汤、赵、查、叶、傅、石、韩、占、熊、魏、廖、卢、詹、谢、马、夏、严、白、包、柏、薄、毕、卞、蔡、操、柴、常、成、储、催、代、戴、单、邓、刁、窦、都、杜、樊、丰、冯、凤、费、付、符、伏、高、葛、耿、辜、顾、郭、段、关、管、谷、古、龚、贺、洪、侯、华、霍、季、计、纪、蒋、解、金、琚、焦、康、柯、郎、黎、梁、凌、陆、吕、罗、毛、莫、倪、牛、聂、宁、欧阳、裴、齐、秦、任、容、芮、施、舒、帅、宋、谭、唐、陶、田、童、万、卫、伍、邬、席、肖、辛、许、宣、薛、仰、姚、易、尹、雍、于、袁、岳、章、庄、邹。

麻塘湖·晨舟撒网（2015年）

产业经济

农业　石牌耕地面积6.5万亩，以种植水稻、棉花、油菜、蔬菜为主。改革开放以来，开发兴农，特色兴农，注重规模经济，“种养＋产供销、工农贸”一体化，“公司＋基地＋农户”三位一体经营格局逐渐形成。

石牌镇兴办禽蛋开发公司、林果公司、食用菌公司、水产开发公司、蔬菜公司、花木公司等，组织农户联合经营，共同开发山水资源，初步形成具有地域特色和竞争优势

20世纪80年代收购棉花

20世纪80年代农民交公粮

永固村西红柿基地（2017年）

“一网鱼虾一网粮”（2017年）

青圩村芋苋基地（2017年）

同福村千亩优质水稻基地（2017年）

普济村大棚蔬菜基地（2017年）

的“一村一品”，如邵塅冬瓜、普济花生、庆洲棉花、永固田藕、永裕辣椒、同福山药、青圩芹菜芽、保湖小白菜、麻塘湖鲫鱼等。大力发展生猪、家禽繁育和水产养殖，建立华帆、广丰生态型瘦肉猪繁育基地，广丰珍珠养殖基地，万明、同发家禽繁养基地，以及麻塘湖育殖基地等。

工业 石牌工业以村镇集体企业为主，镇办、村办、联户办、个体办“四个轮子”

怀宁县新雪莲生态科技有限公司肠衣生产加工车间（2018年）

一起转动，农副产品加工业是石牌镇的支柱产业，包括猪肠衣肝素钠加工、粮油加工、家禽家畜及禽蛋加工等，还有服装与工艺被加工、编织、机电、建材、化工、机械、塑料、造纸、运输等 20 多个门类，其中建材有水泥、预制板等。截至 2016 年年底，全镇有工业企业 81 家，涵盖麻纺、禽蛋、铝箔、塑钢门窗、医用包装耗材、再生纸生产加工等行业。生化厂生产的胱氨酸、铝箔纸厂生产的防潮保鲜纸填补了省内空白，卫生纸是全国第十一届世乒赛标志产品，麻纺品出口拉丁美洲。

基础设施

道路 1986 年兴建皖河大道，全长 930 米，宽 30 米，分为人行道、慢车道、快车道和绿化带，修复石腊路 1045 米，修建石新路 4.2 千米，改建石望路、中心路、中盛街。

农村“四好公路”（2017年）

皖河大道（2017年）

2006 年实施“村村通工程”，道路宽度为 3.5 米，混凝土路面厚度为 0.2 米。2016 年实施“农村畅通工程”，道路宽度增加 1 米，2018 年、2019 年修建农村“四好公路”21 千米，2019 年完成皖河大道改造提升工程。

全镇主干道约 40.9 千米，村级次干道约 40 千米，村组道路 120 千米，全镇乡村水泥路约 200.9 千米。

供水　1978 年 12 月，始建水厂，水源采用皖河水，1981 年 12 月 1 日竣工并开始供水。1990 年 8 月水厂迁至官山，1992 年 12 月 28 日怀宁县自来水厂竣工，水源采用麻塘湖水。至 2002 年年底，全镇供水管道 3.863 千米，生活用水卫生达标，居民自来水普及率 100%。

怀宁供水集团石牌分公司（2017年）

供电　1936 年秋，石牌盛天长等商号集资 5000 元组建石牌民营电器股份有限公司。1938 年 6 月，日军侵占石牌时电灯厂被毁。1957 年 3 月，创办国营电厂。1967 年接通高压电网。1972 年年底，石牌 35 千伏变电所建成，接通华东电网。1974 年，建成潭子湖、易河两座 35 千伏变电站。1982 年始建猫山 110 千伏变电所，1983 年 1 月 31 日正式送电。2001 年，城区电网改造增容。2003 年年底，14 个村电网改造完工。截至 2019 年年底，石牌供电所辖区拥有低压用户 43127 户，其中居民用户 37865 户，工业用户 869 户，商业用户 1000 户，农业生产用户 3393 户。

供气　1978 年成立怀宁县液化气公司，储罐容量 200 立方米，到 2002 年石牌镇居民普遍使用液化石油气。

20世纪初期的石牌民宅

乡村别墅（2017年）

保障房・永兴苑（2017年）

现代石牌村落（2017年）

永裕村环村路（2017年）

通信 石牌电话通信始于20世纪50年代初，截至2019年年底，居民手机普及率达99%。

住宅 20世纪初，石牌境域私人房屋均为砖木结构，小青瓦屋面。

21世纪初期，石牌镇整合老县城机关单位办公楼，新建梦馨花苑、富豪大厦、学府华庭、教育花园、绿洲雅苑、万科家苑、易之苑、龙洲、江南明珠、石牌新街、荣盛雅苑、皖水名都12个居民生活小区。

在怀宁县实验小学以南、庆洲河以东，分 5 期建造 3000 套保障性住房。

石牌镇区居民人均居住面积 30 平方米左右，农村人均居住面积 50 平方米左右，农村楼房覆盖率达 96%，有的还建了欧式小洋楼和别墅。

绿化环保 全镇绿化覆盖率达 37% 以上。万明村曾跻身“全国造林绿化千佳村”“安徽省造林绿化百佳村”行列。2012 年起，石牌镇先后对集镇区、乡村实施全天候清扫、保洁，定点回收、定点处理生活垃圾，2018 年全面实施城乡环卫一体化。

文化 1953 年建天津区、石牌镇两个文化站。1972 年建皖河文化站，2004 年皖河文化站整体并入石牌文化站，站址在皖河影剧院，2017 年建成安徽省乡镇综合文化站社会化运营试点项目——石牌镇综合文化服务中心。截至 2018 年，全镇共建有 5 处镇级文化活动中心、22 处村级文化活动中心，有各类文化专业户 38 户，有各类图书室 48 个，有音乐、美术、书法、摄影及文学业余创作人员 60 余人。

石牌镇综合文化服务中心（2017年）

阅读中心（2017年）

石牌居民开展健身活动（2018年）

石牌老年腰鼓队表演（2019年）

体育 镇内各村、社区均建有居民健身广场。怀宁二中、石牌初中、实验小学、中心学校有标准体育运动场，设施设备齐全。居民清晨跑步锻炼，傍晚跳广场舞、散步。

教育 1913年，石牌第一所小学堂在尧年乡建立。1929年，创办石牌县立第六初小，1945年更名为石牌中心国民学校，1949年3月，石牌解放，怀宁县人民政府接管学校，更名为怀宁县第一中心小学，1953年，更名为怀宁县实验小学。20世纪50年代初在上石牌大王庙创办怀宁县黎明小学，1958年秋改名为怀宁师范附小，1963年改名为城关中心小学，1978年改名为石牌镇中心学校。1995年，在皖河乡同发小学创办怀宁县特教中心，为安庆市境内第一家特殊教育中心。1996年，怀宁县实验小学迁址新建。1989年，石牌镇中心学校择新校址于石牌镇石腊路，2015年8月，石牌中心学校整体搬迁至原石牌初中校区。

1943年，教育家陈我鲁在石牌创办湖滨初级中学；1949年，该校迁至上石牌中洲，定名为石牌初中；1952年，石牌初中、卓湖初中、文课初中三校合并，定名为怀宁县第二初级中学，转为公办学校。1954年，坐落于江镇车形村的怀宁一中迁到石牌姜网，1955年，怀宁一中迁到高河，1958年，怀宁二中更名为安徽省怀宁中学，并增设高中班。

20世纪70年代初，石牌地区先后创办了皖河初中、皖河中学（完全中学），1979年创立石牌城关中学（完全中学），1980年更名为怀宁县第二中学。80年代初，石牌地区普通中学有怀宁中学、怀宁县第二中学、皖河中学、皖河初中（校址陈家牌），还有3个小学增设的初中班。

怀宁县实验小学・大门（2018年）

怀宁县实验小学・校园一角（2018年）

怀宁县石牌初级中学・大门（2018年）

怀宁县石牌初级中学・教学楼（2018年）

怀宁县第二中学・大门（2018年）

怀宁县第二中学・"龙门"（2018年）

2004年9月，整合皖河中学、黄龙中学、怀宁师范、怀宁县职业高级中学，在原怀宁中学校址上成立石牌高中。2005年9月，在原怀宁县高级职业中学校址上创办石牌初中。2014年9月，石牌高中整体并入怀宁县第二中学。2015年9月，整合石牌初中、皖河初中成立新的石牌初中，搬迁至原石牌高中校址。

截至2019年，全镇有全日制高中1所（怀宁县第二中学）、初中1所（怀宁县石牌

怀宁县石牌中心学校·大门（2018年）

怀宁县石牌中心学校·运动场（2017年）

初级中学）、小学 2 所（怀宁县实验小学、石牌中心学校），电化教育达到二类标准。石牌镇 1984 年成为怀宁县首批普及初等教育乡镇，1996 年“两基”达标顺利通过省政府验收，2000 年以来适龄儿童入学率 100%，九年义务教育覆盖率 100%。

医疗 1940 年，怀宁县医院成立，前身为怀宁县诊疗所，1941 年改建为怀宁县卫生院，1945 年随县政府迁到安庆，1949 年 10 月迁回石牌，更名为怀宁县人民医院，1994 年，怀宁县人民医院获得卫生部颁发的“二级甲等医院”称号，2005 年 4 月 28 日，医院新院区（高河）正式投入使用。石牌院区独立核算，2014 年改制为怀宁独秀医院（民营），2016 年 8 月，怀宁独秀医院动工兴建住院部大楼，建筑面积 18280 平方米，床位 400 张，2019 年 1 月竣工。

1982 年，怀宁县城关伤科医疗所更名为石牌镇卫生院，1986 年建立怀宁县中医骨伤医院，1998 年被批准为国家二级医院，2002 年被安徽省卫生厅认定为全省示范中医院和全省5所特色中医院之一，2008年医院总部迁至县城高河，石牌院区为南院区，2018年停办。

截至2019年，全镇共有各级医疗卫生机构13家，包括怀宁独秀医院、石牌镇中心卫生院、计生服务所和一体化村卫生室，居民新农合参保率100%。

怀宁县中医骨伤医院（20世纪80年代）

怀宁独秀医院（2018年）

商贸要津

自北宋开埠以来，石牌一直是皖西南商贸要津。清朝中叶，石牌已成为远近闻名的商业中心，江西、福建、湖北等地客商纷纷在此设馆经商，商铺最多时达800余家。

水旱码头

皖河干流自石牌经江镇、洪铺、山口、海口注入长江。石牌镇境内有两大支流：宜塘河、津潭河。宜塘河由三老爷庙、二老爷庙穿下街到朝天闸，经望江县境流入七里湖、八里湖（湖上原有三座木桥，皆以庙名命名："王灵官桥""楚王庙桥""城隍庙桥"，三座桥于 20 世纪 60 年代因河道淤塞被填平）。津潭河从"五月午"河入口，经望江县新坝、高士、北庙等地流入七里湖、八里湖。鼎盛时期，石牌码头有 300 多条木帆船，船主多为潘、何、李、杨四姓人氏，有船帮"再信帮"。

船工小憩（20世纪60年代）

皖河大桥老桥（20世纪90年代）

“再信帮”商船停靠码头（20世纪40年代）

1915年《怀宁县志》载，石牌“粟布云集，货贿泉流，为怀宁诸镇之首”。

明清以来，潜山、岳西的竹木、柴薪，太湖的绿茗、生漆，望江的棉花、米粉，宿松的丝麻、药材，怀宁的挂面、粉丝等农副产品皆由石牌码头运往外埠，远销安庆、芜湖、南京等地。石牌的食盐、布匹和食品等货物也经水路运出。每年5—10月为涨水季节，皖河航道可通行50吨以下的船只，枯水季节，15吨以下的木帆船可抵达津潭河。

新中国成立前，石牌有4个固定水码头：河街口、鲇鱼尾、柴墩、杨树湾，集结大小帆船300余条、竹筏800余只。繁忙季节，商船千艘，逶迤数里。抗日战争时期，安庆每天有数班小轮船往返石牌，“再信帮”帆船在皖河航道载人、载物。

1952年，石牌航运管理站成立，沿皖河设渡口。据1954年统计，皖河航道年运送旅客量达 6.2063 万人次。1955 年，安庆内河航运局派“红五三号”“119 号”客班轮船开往石牌，沿途停靠韩湾、江镇、洪铺、石库，每天 1 班。1985 年，石牌航运公司新增客轮 2 艘、各类船舶 73 艘，年客运量 13.3 万人次，年货运量 18.81 万吨。

20 世纪初期，石牌地区的人行道、土车路四通八达。东北通黄龙、清河、三桥、黄墩、高河、月山、江镇、洪铺、山口、安庆，南通望江赛口、新坝、鸦滩，西通太湖、宿松，西北通小市、潜山、岳西。1954 年月山至石牌猫山公路通车，1972 年石牌皖河大桥竣工，月山至北门坦公路通车。

石牌老街

清康熙年间（1662—1722），徽州、泾县、太平、青阳等地商人相继涌入石牌，开店经商。清雍正帝至嘉庆帝近百年间，石牌市场上曾先后出现很多富商大户。前街潘玉柄家产颇丰，拥有前街、正街的大部分铺面；半边街姜泽洲资本雄厚，号称石牌的“双百万”；正街姜远祖和丁字街姜大臣是当时石牌有名的“金五老”和“银五老”。

明末清初，上石牌、下石牌共有商店 400 余家，较大的商号有 100 多家，其中徽商 34 家，一般中等商号资本为 8 万 ~ 10 万银圆。上石牌较大的商号有杂货批发店汪大臣、泰元祥、坤元、通和、谦太隆、汪顺成，布店德昌祥、傅和顺，药店安仁堂，饭店水陆集客栈，茶馆得月楼。下石牌较大的商号有杂货批发兼零售商盛天长，布店同丰祥、郑大兴、潘义太，银楼兴玉，京货同和祥，茶馆天凤楼，酒馆逸园菜馆、如意馆，药店仁和堂。其中以盛天长商号资本最多，不动产有 20 万银圆，雇管事、朝奉、杂工等 100 多人。当时泰元祥的顶雪贡糕，谦太隆的酱油干，万顺和的堆花酒，郑大兴、潘义太的土布，马流、长居的贡面都是石牌镇名优产品。

民国初期，石牌设有厘金局和当铺。潜山、岳西、太湖竹木商云集上石牌水陆集。1924 年，上石牌批发商有坤元、通和、泰元祥 3 家，主要商号有永顺和、德昌祥、傅

商业会馆旧址（20世纪70年代）

和顺、潘庆大等22家。下石牌主要商号有盛天长、朱复昌、柯恒大、孙永兴、涌兴裕、德元祥、天茂等80余家。石牌商业兴盛时期的闹市区集中在下石牌丁字街、后街城隍庙一带，曾有“安庆四牌楼，石牌半街头”之说。

1949年前，人们习惯称石牌街为上石牌、下石牌，彼此相距约0.5千米，沿途有庙庵、祠堂近10座。上石牌、下石牌共有8条巷，其中上石牌2条：清水巷，石条铺路，片石砌墙，直通皖河，为妇女洗衣提水通道；船帮子巷，为造船工人居住。下石牌6条：莲花巷，从老实验小学通往莲花塘；水巷，挑生活用水的通道；铁弓巷，巷道弯曲似铁弓，从后街通往老县城幼儿园；双井巷，通往双井，在老实验小学附近；六拐巷，从丁字街通往老河，因巷有六拐弯而得名；闯子巷，位于老怀宁县医院附近。

上石牌商业街

上石牌东濒皖河，有渡口，水上南来北往的大小船只，多停泊于上街头，有时多达数十艘。西南街口的古溪埂桥，亦称四闸桥，分别通往万全圩与下石牌。陆路东通安庆，西通太湖，南通望江。中心区域有河街、河街口、上街头、北闸街（以上四处合并后称河北街）、筲箕山、大王庙、四闸街、古溪埂（以上四处合并后称四平街），8条街路总长 855 米，道路两边有造船厂、织网厂、炒坊、面坊等厂坊 10 余家，药店、烟店、布匹店、百货店、茶馆、饭馆、竹行、木行、水陆集、江西会馆等大小商铺旅社盛极时达百余家。知名老街有 11 条：

大王庙街 有大王庙、江西会馆、湖北会馆、车匠店、石匠店、饮食店。

四栅街 有猪肉店、伞店、潘家锡匠店、黄家理发店、姜敬旺茶馆、潘良顺木匠店、豆腐作坊、熊焰发硝皮作坊、徐家药店、胡家祠堂。

四平街 有泰康祥南货店、傅和顺南货店、民生南货店、谦太隆南货店、陈鹤山布店、产启东炒货店、潘老四香店、泰元祥南货店、潘集生烟店、胡国泰笔店、火神庙（徽州会馆）、安仁堂药店、坤元染坊、潘原生砻坊、李黑狗商店（此处曾是长枫巡检司）、潘丙南米行、罗连生茶馆、福建会馆、潘振坤刻印剧本作坊、李鸿章当铺。

中心街 亦叫横街，东起河沿码头，西至古溪埂坝脚。有长乐大戏院、张家山杂货店、姚原泰南货店、潘幼根南货店、陈家香店、潘家药店、李家碗店、查家烟店、潘南轩南货店。

码头街 有汪记绸缎绣坊（内设戏曲服装店）、毛家木匠店、潘家面坊、姜名先理发店、黄家理发店、潘家篾匠店。

古溪埂街 有潘驾山布店、潘家米行、王大元饭店、潘家饭店、胡家饭店、贺百海饭店、胡家理发店、潘朴原商店。

1968—1978年上石牌镇示意图

上石牌石板路（20世纪70年代）

河街　有潘庆大南货店、瑞丰锅店、得月楼茶馆、潘猷赞猪肉店、李季伢米行、周炎伢茶馆、程毛头盔帽扎匠店、宜丰楼茶馆、潘家柴行、程家理发店、湖南会馆、潘旭东油坊。

北栅街　有汪龙记皮匠店、程家皮匠店、姜永丰铁锅店、同永发杂货店、董开来茶馆、潘佐起木匠店、姜桃元面坊、陈家香店、李家酒坊、米行、京货店。

上街头　有产家香店、潘佩根面坊、张松伢缝纫店、李家篾匠店、高重伢面坊、杨旭章戏班、董集芳树木行。

筲箕山街　有倪家商铺、杨家面坊、潘老大篾匠店、水陆集旅馆、华清池澡堂、熊家棉花行、潘凤鸣渔行、李家树木行、荷花老木匠店。

河北猫山街　太平天国时期曾在此置石牌新城，新中国成立后有木材公司、轧花厂、汽车站、物资局、酒厂、农机二厂、血防站、怀宁师范学校。

下石牌商业街

下石牌东邻庆洲河，大小船只多停泊于前街码头，南连前街坝，直达望江，西出丁字街桥到万全圩，北经永兴街桥通向上石牌。下石牌布满商业网点，经营活跃。永兴街，自石牌酒家处经永兴街桥至丁字街口，全长250米，宽4.5米；正街，自老派出所

下石牌老街示意图（20世纪70年代）

永兴街（2018年）

前街（2015年）

至前街，长210米，宽3.5米；前街，是小型港口、半边街，长350米，宽1.5米；后街，因与前街对应故名后街，北与永兴街、丁字街相连，南抵三元桥，直通望江，长530米，宽4.5米；新民街，由篾匠街、桶匠街、皮匠街组成，总长500米，宽3～5.2米，是商业和居民混杂区；丁字街由半边街、丁字街、韩街合并而成，长230米，宽4.5米。知名老街有13条：

丁字街 有盛天长、傅东源、朱福昌、潘记4家南货店。

后街 有城隍庙、张仙阁、潘家缝纫店、姜家药店、程家高屋、如意馆、汪顺和杂货铺、联和杂货店、潘佐亮杂货店、卢伯生杂货铺、天茂杂货店、姜同丰铁锅店、赵家米行、王长河米行、李友庆碗店、柴家剃头店、姜良臣布店、潘佐顺碗店、刘方甫缝纫店、潘家碗店、徐光祖颜料店、天丰楼茶馆。程家高屋为程长庚故居，曾做过长枫巡检司、商会驻地。

正街 有同福昌合面柜台（经营南货、布匹、丝绸）、朱甫伢布店、朱海廷碗店、耿一成布店、郭永盛京货店、杨和高银匠店、钱陈银匠店、同丰布店、汪家仁和堂药店、郑士和布店、郑德发布庄、查永昌布店、朱德达药店、余良卿膏药店、查玉侯药店、周茂清笔店、马家面坊、吴义兴染坊、陈协书布店。

老布街 有张家澡堂、土地庙。

永兴街 有王灵官戏神庙、潘邦贵饭店、潘家炒货坊、圣公会。

乌龟街　有楚王庙、苏家木匠店。

桶匠街　有何家戏曲盔帽店、同乐堂戏班、天乐堂徽班、陈家面坊、刘玉明砻坊。

横街　有三家盔帽扎匠店（李小友、李长久、李家和）、林家铁匠店、傅家药店、小集轩饭店。

前街　有春禧舞台（黄家祠堂）、孙家祠堂（新中国成立后为怀宁剧院）、何家糕饼坊、孙玉桥酒店、王小明木匠店、刘会南铁锅店、姜和兴铁锅店、三家皮匠店（刘根民、刘根友、潘华林）、杨助堂黄烟店、潘鸿炎猪肉店、钱奉喜糕饼坊、李佩和糕饼坊、吕家染坊、三家香店（李长伢、许杨春、潘鸿记）。

皮匠街　有刘家高屋、陈家老祠堂（石牌戏园）、陈家新祠堂、旌宁会馆、潘铁山树木行、刘庆伢茶馆、潘隆福渔行、王来伢木匠店、陈大毛布店、张四和猪肉店、产家绱鞋店、尹奶奶香烟店、廖家铁锅店。刘家高屋为刘贻燕故居，新中国成立后曾为县委会驻地。

桥西街　有卢运力皮匠店、一天茶馆、孙楚木炒坊。

新民街　原名篾货场，有孙、刘、董、彭、庚、夏六家篾匠店和周家石匠店。

中街　地处上下石牌中间，有潘家祠堂、查家砻坊。

旧时老街（20世纪70年代）

中街（20世纪70年代）

集市贸易

石牌早期集市位于邬家庄，后迁至上石牌，随后又扩展到下石牌。明朝石牌的渔业贸易比较繁荣，明天顺六年（1462），官府设置管理渔业的机构——东河石牌河泊所，配河伯（官名）、攒典（收税员）各1名，负责征收渔税。明末清初，上石牌、中街、下石牌的布局基本定型，周边邻县均以石牌为中心市场开展集贸活动。集期基本沿袭“朝市”制度，每天早晨赶集，有全天的或半天的，有隔三日的，也有逢三、逢八的。主要商品有稻米、菜油、家畜、家禽、禽蛋、水产品、肉类、蔬菜、豆制品、窨货、竹席、芦柴、竹木等农副土特产品和手工制品。清道光八年（1828），皖河发大水，石牌中街被冲毁，只剩下上石牌和下石牌两大集市。

1915年，石牌商会成立，会址设在下石牌后街66号，负责维护市场秩序以及派夫、收费、摊税等事务。石牌商会依据1915年的商会法定期改组，姜寿落、盛朝瑞、潘少卿、刘润生、潘星灿等先后担任会长。商会以“图谋工商业以及对外贸易之发展，增进工商业公共之福利”为宗旨，在国难当头、民族危难之际，工商界涌现不少爱国人士，在抗日战争时期，商会成立“商抗会”，在物资、道义方面支援抗战。

石牌早市（20世纪80年代）

石牌街头爆玉米花（20世纪70年代）

石牌市场（1990年）

新中国成立前后，上石牌、下石牌开设多家鱼行、粮行、竹木行，或代客买卖，或独立经营，还自然形成一些固定的交易地点，进行耕牛、生猪、柴炭等交易，如下镇梨头嘴是专供买卖柴炭的场所，后街供销门市部后面的莲花塘处是专供耕牛、生猪交易的场所。蔬菜、禽蛋、鱼虾和少量粮食、手工制品，或沿街摆摊设点，或沿街叫卖，或跨街交易，市场秩序比较混乱，物品价格也不稳定。

20世纪50年代进入国民经济恢复时期，石牌镇集市贸易开始复苏。为了维护集体贸易市场秩序，1950年8月石牌镇成立工商联合会，1951年9月镇政府设立私营企业登记委员会，1952年镇政府设立商业科，1953年1月成立“石牌镇市场管理委员会”，集市贸易一度出现繁荣有序的局面。1953年国家开始实行计划经济，对主要农副产品率先实行统购统销，1958年实行人民公社化，1966—1976年，集市贸易经历了限制、取消、关闭三个阶段。

改革开放后，石牌集市贸易开始复苏，街道居民纷纷开店，周边农民竞相进镇摆摊设点。1985年新建1个综合性农贸大市场和6个专业性市场，分别经营小工业品、粮油、畜禽、建材、竹木、柴草。有近200个国营、集体门市部，个体商业网点发展到865个。渠道畅通，商品丰富，有上海货、武汉货、广东货、江浙货和安庆货等铺位，全天候营业，日上市人数近2万人，上市品种3000余种，有现货，也有期货。在石牌，“没有买不到的，没有卖不掉的”。石牌集贸市场由过去封闭型的地方商品交易市场发展成为开放型的物资集散地。

对外贸易

新中国成立前，石牌镇仅限于在周边地区开展集市贸易，没有直接的对外贸易。新中国成立后，国家实行独立自主的和平外交政策，与友好国家开展双边贸易。1950 年年初，外贸商品的收购由基层供销社完成。1960 年，怀宁县商业局设外贸股，管理石牌地区出口商品的加工和收购。1978 年，怀宁县在石牌镇设立对外贸易公司，隶属县供销社。

二十世纪五六十年代，石牌对外出口的商品主要是农副产品、中药材，由经销单位收购，供货给省对外进出口公司。改革开放后，石牌对外贸易发展迅速，到 1985 年，经营业务已有粮油食品、土畜产品、工业产品共 3 大类 21 个品种，其中兔毛远销英国、美国、德国、荷兰、西班牙等国，钢锯架外销欧洲等地区及美国、日本、马来西亚、泰国、斯里兰卡等国，草席作为工艺品主要出口美国、意大利、法国、德国和新加坡等国。

杨塅村村民网箱养殖黄鳝（2015年）

20世纪80年代，石牌镇的水产养殖是对外贸易的特色产业。全镇拥有可养殖水面积1万余亩，水质优良，可养殖鲢鱼、鳙鱼、青鱼、草鱼四大家鱼和黄鳝、甲鱼、螃蟹、龙虾、泥鳅等名优珍稀品种，年总产量达500吨，其中黄鳝、甲鱼年产量达150吨。这些特色水产品备受欧洲等地区和俄罗斯等国家的青睐，每年赚取外汇达亿元人民币。

至2018年年底，石牌镇拥有工业企业81家，年产值2000万元以上的规模企业18家，主要从事农副产品加工、服装与工艺被加工、钢构生产、医用包装耗材生产、再生纸加工生产等，其中农副产品加工业成为全镇的支柱产业，年生产总值达4亿元，在全县对外贸易中占重要份额。21世纪初，华帆、广丰生态型瘦肉猪繁养基地初具规模，固定资产近亿元，从业工人1200余人。据2007年统计，仔猪产量达78.6万头，其中外销63.9万头，母猪存栏8600头，出栏商品肥猪17.9万头，三元杂交猪、生态型瘦肉猪等优良品种占比达81%。石牌镇9家肠衣加工企业成为安徽省最大的猪肠衣肝素钠生产加工基地，年加工总量达到6万桶，肝素钠畅销全国各地，猪肠衣产品80%左右出口到欧洲、东南亚等地区。

商业街区

石牌属安庆市次中心经济区。20世纪80年代后，2000多名投资者落户石牌，置业经营，城镇经济生机勃发，前景广阔。2003年起，石牌城区新建3条商业步行街、2个商贸城，新增11家大中型超市。截至2017年，石牌镇有民营企业232家、外资企业1家、商业网点及经营户1018个，从业人员25896人。

石牌皖江步行街（2016年）

建设路上专业性的服装店或小商品市场，货物齐全，琳琅满目，日用小商品应有尽有。皖河大道上手机市场活跃，移动、电信、联通三大通信公司经销各类品牌手机。专供农业生产的农机、农资产品，设计先进，深受广大农民青睐。摩托车、电动车展销大厅里，陈列着各式各样的车辆样品，造型精美，吸引着广大顾客。建新路家电专卖店、中心路家具专卖店，以及每条街大大小小的建材专卖店，凡居家所需，一应俱全。

附：盛天长商号

清光绪元年（1875），太平县商人盛梓元，别名三威，为避兵乱，迁居下石牌，在丁字街开设盛天长南北杂货号，光绪六年（1880），盛梓元在上石牌开设泰元祥南货号，两店经营至1948年。

盛天长商号开设之初，经营糖食糕点，资金短缺。盛梓元结交太湖富绅，以熙福堂做抵押，贷纹银3000两，资金周转开始灵活，业务有所扩大，但每年盈余仅够付息，故当时有“三威无钱开大店”之说。清宣统三年（1911），盛梓元去世，其子盛朝瑞继承商号。1921年起，美国德士古石油公司委托盛天长商号经销煤油。一次，该店货栈起火，油桶爆炸，损失煤油40余桶，盛朝瑞向南京总公司报损200余桶，从中牟取暴利。1931年，盛朝瑞在安庆增开“盛三余”批发店，亦做中转站。1936年，盛天长商号不动产已达20多万银圆，人员增多，有管事、朝奉、杂工160余人，房产七八处，在石牌附近还置有田地。

盛天长商号生意兴隆，积财致富，主要经验：

一是大抓货源，适时投放。每年新谷登场时，他们大量收购黄豆、芝麻、糯米、山芋粉、皮油等原料应市急用，同时派人到宿松复兴镇蹲点收购瓜子四五百担，运回石牌应市。这些农副产品，先以低价收进，后以高价卖出，获取利润，并在不少城市设有代办庄和庄客，如上海的周玉记申庄，南昌的大有纸行，汉口的吴鸿遇、胡伯英等。一旦石牌缺货，只要发一封信，进口的红糖、白糖，江西的大表纸、黄表纸，萍乡、浏阳的爆竹，汉口的金针菜、木耳等即可源源运来。每年他们还利用水运之便，派人到大通等地购进淮盐，每次运来500～1000包，后改销精盐，年销量约万担。太湖的弥陀寺、南阳河，潜山的水吼、菖蒲，望江的高士岭、新坝、鸦滩，以及英山县各乡镇的商铺，均从该店批发。

二是借石子铺路，经销代销外商商品。该店经销美国德士古煤油，代销英国白糖，与安庆中国银行和安庆恒大、大丰两钱庄亦有往来，资金存贷方便。

三是面向市场，开设“三坊一园”。“三坊”即纸坊、蜡烛坊、糕点坊，共有师傅、杂工70余人。从江西运来大表纸，用铁钉打眼，制作成冥币纸钱出售，年销数千担；手工制作照明蜡烛，如婚丧喜庆用烛、出灯用烛、庙会红烛、金粉龙凤烛、年烛，每年春节销百担以上；利用当地陈糯米粉、高级白糖，制成酥糖和顶雪贡糕，冬季日产千斤，凡到石牌探亲访友者，均带回贡糕馈赠亲友。“一园”即酱园，有工人20余人，制作豆酱、酱油、豆腐干、千张、豆果、姜片等，黄豆年销量数千担。

四是因地制宜创办轧花厂。石牌地区盛产棉花，盛朝瑞于1935年从上海购买轧花机、打捆机，就地办厂加工籽棉，商标名曰“醒狮”牌，因其质量符合标准，远销上海，备受纱厂青睐，年产数百件，使用机械轧花打捆为怀宁第一家。

盛朝瑞慷慨大方，乐善好施，经常举办社会公益活动。民国初年，石牌400余家大小商店、作坊为维护商民及小手工业者利益，成立石牌镇商会，组织商团，公推盛朝瑞为商会会长。

1927年，皖河上游暴发山洪，上石牌、下石牌一片汪洋，村庄被冲毁，死亡人畜不计其数，盛朝瑞出面成立济溺会，雇10余只小船，亲自督促，捞起尸体60余具，均用木板做棺收殓，葬于石牌猫山附近。其开支费用盛天长商号占90%。

1934年，石牌大旱，庄稼颗粒无收，哀鸿遍野，盛天长商号出资，从上海购来进口碎米200包，开办粥场，每天施赈灾民千余人，历时4个多月。

1936年，石牌创办电灯厂，总投资5000元，盛天长商号投资2000元。

1938年，日本侵略军大肆进犯，江浙沿海首遭劫难，难民逃到石牌，被安排在当时前街孙家祠堂，盛天长商号凭难民证，每人发0.5元，以资救济。

1938年6月19日，日本侵略军进犯石牌，盛天长商号惨遭焚毁。

1947年，盛朝瑞弟盛廷瑞从上海回到安庆，复开盛三余商号。翌年，又在石牌恢复盛天长商号。由于资金不足，盛天长商号最终未能振兴。

戏曲之乡

“徽班昳丽，始自石牌。”“梨园佳子弟，无石不成班。”

石牌，皖河长子，丰富的戏曲文化资源，丰厚的戏曲文化历史，风姿绰约的戏曲文化生态，孕育出中国戏剧史上两朵奇葩：徽剧、黄梅戏。这是石牌的自豪、石牌的骄傲，更是石牌永恒的丰碑！

徽剧

起源 徽剧原名“徽调”，最初叫“石牌腔”或“徽戏”，怀宁人叫“弹戏”或“弹腔戏”，1949年后定名为徽剧。自明万历年间（1573—1620）至清乾隆年间（1736—1795）的两百多年间，石牌戏班艺人将江西弋阳腔、湖北采茶调、凤阳花鼓调、徽州四平腔、苏州昆山腔、山陕秦腔、池州青阳腔等进行加工融合，演进成“徽调”。

明末清初，徽州腔受昆曲的影响演变为四平调和昆弋腔。昆弋腔传到石牌地区，与李自成军中乐人和山陕商帮带来的西秦腔融会，使其部分曲调发生变化，既能唱长短句，又能唱齐言对偶句，初具板式变化，并结合石牌当地的俚歌、俗曲，渐次形成吹腔，即拨子、二黄腔。拨子，清乾隆年间称“石牌腔”，戏班内称“安庆梆子”“梆

戏剧“发源之树”（2017年）

金鸡戏神碑（2017年）

子乱弹调”“枞阳腔”。乾隆四十六年（1781），江西巡抚郝硕呈给皇帝的奏章云，江西省“界连江、广、闽、浙，如前项石牌腔、秦腔、楚腔，时来时往”。清嘉庆十四年（1809），泾县包世臣在《都剧赋》中云：“徽班映丽，始自石牌。”明确标出了徽班之名。

徽班 明清时期，石牌凭借得天独厚的水路交通优势，商贾云集，经济发达。经济的繁荣，带动了石牌市井文化的发展。石牌及周边一带劳动人民喜欢赛歌赛舞，每逢社日、传统节日、丰收喜庆时节，便邀班结社登台演唱。早期唱“耕歌戏”“夫子戏”，正月灯会唱“牛灯戏”，正月十八日和八月初十唱“冠礼戏”，五月端午在水上演“彩龙船戏”。这些民间演艺班社，即是徽班的雏形。

清雍正帝后期，石牌民间班社蜂起，主要有义和班、义庆班、春江班、长春班、四喜堂、春意堂、新长春、新阳春、同庆班等。这些班社的一个显著特点是设有科班，历代沿袭。以石牌为中心的安庆一带徽班活动频繁，除在当地演出外，还在巢湖、当涂、徽州及江苏、浙江、山东、云南、福建等省演出。

清乾隆三十年（1765），石牌以沈裁缝为老板的春江社到扬州唱“迎驾戏”，专演给皇帝看。后有以程如卿、潘仲发为班主的义和班和以曹松旺、郝小天为领班的义庆班前往扬州献艺。当时扬州有三家剧场，一家唱扬州调，两家唱弹腔（徽调），弹腔班大多是石牌的伶人。经过商议，春江社的沈老板主动提出让场，带班离开扬州去东台，义和班、义庆班两班合成一班，名曰和庆班。当时大书法家邓石如在扬州以卖字为生，被春江社、和庆班请去修改加工剧本，《奇双会》《探亲骂相》《戏凤》《六月雪》《临江驿》等剧本都经过其润色，故春江社与和庆班的唱本语句精练，文辞优美。

乾隆四十九年（1784），乾隆皇帝第六次巡视江南，官府特邀南北各地戏曲班社集中扬州大会演，以挑选“迎驾戏”。安徽弹戏以和庆班为基础，以唱二黄戏（生旦）为主，组成一支庞大的戏班，参加“迎驾戏”大会演，石牌弹戏获得“色艺最优”的美誉。

乾隆五十五年（1790），为庆祝乾隆皇帝八十大寿，朝廷征召弹戏班进京唱“祝寿戏”，由高朗亭领班，应召进京。《扬州画舫录》（李斗著）云“高朗亭入京师，以安庆花部，合京、秦两腔，名其班曰三庆”，为“四大徽班进京”之始。清嘉庆元年至八年（1796—1803），四喜、春台、和春三个徽班陆续进京，并逐渐占领北京戏曲舞台，他们吸纳、融合其他戏曲声腔表演，造就了京剧，自此，徽剧成为“京剧之父”。四大徽班

四大徽班各具特色

在京城戏坛雄踞称霸的同时，安庆一带的徽班演出也如火如荼。当时怀宁县内也有四大徽班，即同乐堂、四喜堂、同庆堂、新长春，演出活动遍布安庆各县和皖南地区，各班演出并行不悖，互相促进。程长庚、杨月楼回乡时曾应邀在家乡四大徽班演出，一时盛况空前。

徽班在京演出情景

无石不成班　“无徽不成镇，无石不成班”，这里的“徽”指的是以皖南徽州及以新安人为主的徽商，“石”指的是怀宁县的石牌镇。石牌徽戏艺人一批又一批到北京、上海、扬州、南京及贵州、湖南、湖北、江西、福建等地演出，不少名优名伶落户异地他乡，对当地戏曲产生了重大影响。《皖优谱》（程演生著）载有高朗亭、郝天秀、程长庚、杨月楼等70多名清乾隆年间（1736—1795）至民国时期的石牌艺人在各地演出的盛况。山东曲阜孔府档案中，有怀宁伶人在孔府家班传艺的记载。广州梨园会馆亦记有怀宁戏班到广州演出的实况。清道光年间（1821—1850）的《长安看花记》云：“嘉庆以还，梨园子弟多皖人。”《梦华琐簿》载，“戏庄演戏必徽班”，“今乐部皖人最多”。《扬州画舫录》也指出，以演唱二黄而著名的徽班艺人高朗亭入京师，以安庆花部合京秦两腔，遂使徽调、二黄与京秦两腔合并演于北京舞台，从而开创了北京徽班鼎盛的局面。

怀宁县长期与安徽省、安庆府同城而治，石牌属怀宁县，高朗亭、程长庚、杨月楼、杨小楼等艺人均为石牌一带人氏，因此戏剧史上提到的“皖人”“安庆”“怀宁”，实际上大多指石牌。故石牌、安庆、北京等地流传的民谣云：“乾隆八十班，班有刘关张；伶人八千八，会唱曲九千；南国艺兴隆，北都弹戏香；梨园佳子弟，无石不成班。”1982年9月，中国戏剧家协会主席、戏剧家曹禺到怀宁考察时曾说，石牌是戏窝子，“无石不成班”中的“石”就是怀宁县县城石牌，作为一个普通戏剧工作者，这次是来“朝圣”的。安徽省文联副主席、安徽省戏剧家协会副主席柏龙驹也曾说过，“石”

是指以安庆怀宁石牌一带为代表的徽班艺人，“无石不成班”形象地概括了安徽这块土地上，孕育了一代又一代承前启后的戏曲宗师，他们既是徽班传人，又是京剧开山名家。

徽剧艺术

行当 早期有四个行当：生、旦、净、丑，到清嘉庆、道光年间（1796—1850），发展到十个行当：生、旦、净、末、丑、副、外、杂、武、流，因十个行当角色的头上都戴网子，故称“十头网子”。

生行，最初只有小生、老生两种。红生从老生中派生出来。石牌有专门演唱三国时期蜀汉大将关羽故事的戏，名叫“夫子戏”，徽戏的红生戏由夫子戏发展而来。

旦行，又叫贴行，分为两种：一种是用小嗓子即假嗓子表演的年轻妇女，谓之花旦，花旦又分以唱功为主的正旦、青衣，以做功为主的花旦、闺门旦、玩笑旦、泼荡旦，以武打为主的武旦、刀马旦；一种是以大嗓子即真嗓子表演的老年妇女，谓之老旦。老旦行由徽班名伶郝兰田创立。

剧目 徽剧剧目有1400多个，由传统剧目和改编剧目组成。其中皮黄戏400多个，吹腔拨子戏100多个，徽昆戏181个，高腔戏2个，其余皆花腔小戏。传统剧目分为《吹拨卷》《皮黄卷》《其他声腔卷》3卷。

音乐 徽剧为多声腔剧种，主要声腔有吹腔、拨子、西皮、二黄，在发展过程中，

《扬州画舫录》（李斗著）

先后吸收了徽昆高腔、花腔杂调之精华。

早期的吹腔和二黄平板，大多记有工尺谱，附注于剧词旁，包括首符、板眼、节奏、锣鼓点等，记谱者均以红笔圈点，十分严密。名贵抄本所记曲谱，多出于石牌徽戏科班名师之手，尚存的《昭君出塞》《雪拥蓝关》《凤凰山》等所记工尺谱，为清同治、光绪年间（1862—1908）石牌科班名师程秋香亲笔。当时各派徽班艺人，称程谱“点水不漏”，后人无不遵从之。因此早期的吹腔与二黄平板，有谱可依，代代相传，不容改动。

徽剧的曲牌较多，有200多支。曲牌分“吹”和“打”。“吹”以管弦乐器演奏，常用的有“大开门”“小开门”“将军令”“到春来”“风入松”“尾声”等30多支。“打”以打击乐器演奏，常用的有“急急风”“水底鱼”“长锤”“八哥洗澡”“冲头”等20多支。

表演　徽剧扮演角色继承了青阳腔的十大行。当石牌徽班盛行全国时，扮演分工更细，有“江湖十二角”之称。

徽剧表演讲求基本功，分毯子功、把子功、身段功。毯子功以翻、打、扑、跌为主；把子功以刀、枪、剑、棒为主；身段功以手、眼、身、法、步为主。此外还有特技功，如石牌科班的绝活十要、十三跳等。十三跳，包括跳判官、跳钟馗、跳无常等。特技功运用在表演里，演员可从3～7张桌子所搭的台子上面倒翻落地，称为“面僵尸”。在偷盗戏里，演员要着头上发辫，绕在台顶梁柱上，然后攀辫登梁而逃；女角在武戏里，踹着跷，翻而立在台前栏杆上。

徽剧刻画人物的表演，尤为考究，其特点粗犷而细腻，武戏可以文唱，文戏亦可武演。张飞号啕大哭时，能以手大把地抓出眼泪撂下；周瑜急躁时，可从高台上倒空翻下。但有时又细致入微，如石牌科班表演的《狗洞》《跪池》等即为杰出创造。

舞美　徽剧的舞台美术，继承了青阳腔、昆曲的风格，其设置大多运用传统的两种方式：露天广场舞台，屏风分隔前后台，内容多是“松鹤延年”“龙凤呈祥”“河山壮丽”等，含美好吉祥之意；城镇屋内舞台，屏风挂幕大多是绸缎制成，绣以各类花鸟禽兽，横匾带有班社记号，左右门帘也用各种软缎绣花，与屏风挂幕相衬，上方绣有“出将”“入相”字样。

徽剧服饰因袍带戏较多，衣品齐全，五光十色，争奇斗艳。石牌班社在一地首场演出时，必演《万花献瑞》《齐天乐》等，名义上是庆贺一方，实为展示其豪华服饰。班社演员多达 180 余人，全都顶冠束带，花团锦簇。如演《八阵图》，其服饰是：十蟒十靠，八官衣；八个孔明着八件八卦衣，八辆轮车，八把锦伞，八面杏黄旗；十四堂龙套等。其色彩皆为大红大绿“上五色”。

脸谱是徽剧舞美的一大特色。人物脸谱有 100 多种，分正脸、草脸、正草脸三类。脸谱继承青阳腔勾法，如关羽、赵匡胤、姜维等，眼皮上加一道白线。石牌科班创造性地绘制了许多带有传奇色彩的脸谱，如包拯黑脸，以示铁面无私，额前画一红色肉瘤，表明其出生为母忌，丢进枯井撞肿了一块，永难消失。又如张飞额前画一个桃子，象征桃园三结义。再如周仓和庞德，一个在两腮画鱼鳞，另一个在额前画一只螃蟹，表示二人水性好。这些均为徽剧独有。

黄梅戏

起源 黄梅戏原名“黄梅调”，一度称“怀腔”“府调”“二高腔”等，是以石牌为中心的皖河两岸的民间艺术。

明清至民国，每到春种秋收之时，皖河两岸的农民惯唱怀腔山歌来讴颂自己辛勤的劳动成果。这种民间的优美抒情山歌，被称为“怀宁调”（简称“怀调”“怀腔”），民间艺人把“怀宁调”中带有简单情节的山歌小调、佛调道腔，配合连厢、旱船、花挑、龙灯、狮舞等表演形式，在庙会、灯会上演唱。明朝中晚期，产生了“多多腔”。清乾隆帝、嘉庆帝后，流行于皖、鄂、豫、赣四省的民间歌舞——采茶戏、花鼓戏传到石牌，“多多腔”与其结合，并汲取青阳腔和徽调剧目唱腔、锣鼓伴奏的元素，逐渐发展为“独角戏”“两小戏”“三小戏”。独角戏，角色单一，一个行当（小旦或小丑）；两小戏，两个行当（小旦和小丑）；三小戏，三个行当（小生、小旦、小丑）。后来发展到“二打五唱”和“三打七唱”，二打五唱即两人敲打锣鼓五人演唱，三打七唱即三人敲打锣鼓七人演唱。“多多腔”与其他声调剧目结伴演出，经过吸收融合，至清道光年间

2018年，“岁月回响 百年怀腔”汇报演出在石牌初中礼堂举行

（1821—1850）嬗变成独立的具有明显地方特色的腔系——怀腔。此时的“怀腔”已具有独立剧种的四大要素：有自己的演员和班社，有自己的剧目和声腔，有自己的行当和服饰，有自己的表演艺术和表演形式。怀腔乃黄梅戏正宗腔系，语言特色鲜明，具有以石牌为中心的皖河两岸地方特色。

清咸丰、同治年间（1851—1874），石牌出现怀腔“两搭头”（弹腔与怀腔）、“三搭头”（弹腔、高腔、怀腔）合演的班子，演员大多数玩过“灯班”，并且会唱一些弹腔、高腔的剧目和声腔。班社多数已不是“三打七唱”，而是有20多人的班子，以演大本戏为主，兼演一些折子小戏，所谓“大戏三十六本，小戏七十二折”。每一出戏都具有固定的表演程式和表演方法，唱韵合九字八大韵，即上、下、起、落、求、带、面、定、倒；在唱法上，要求反上不反下，若唱词是“上”字韵，上句不强求合韵，但下句一定是“上”字韵的落脚。

太平军在石牌期间，黄梅调演出活跃，锣不绝响，鼓声不断。石牌地区有半职业班社10多个，其中参加太平军营演出的有邱木匠、潘名周、小福香、刘火伢、杨永田、张尚乾6个班社，演艺人员达100多人。清同治、光绪年间（1862—1908），黄梅调演出更为火爆，有“出门三五里，处处黄梅声”之说。此时问世的班社有汪湖久、朱丙奎、潘龙记、王幸松、钱绪郁、王乐富、产成义、张光汉、夏剑波、胡嗣福、刘永宏、洪海波等20余个，根据农村生产季节确定演出时间，全年分三季，即春季（正月）、夏季（五月、六月）、秋季（八月中秋以后），在农村巡回演出。

黄梅调在演出中情技结合，具有“四性”：唱词指令性，即文学性强；唱腔合韵性，即符合“九字八大韵”；念白地域性，即安庆方言怀宁语音；表演气味性，即极富田野泥土芳香之味，演唱起来甜润委婉，悠扬抒情。

唱黄梅调早期是石牌地区的农民业余戏曲活动，没有专业艺人。清康熙中晚期，石牌艺人程福香（1670—1745）始建程家社，老百姓称之为“窝班”。清道光十年（1830），程福香曾孙小福香，继承师父陈郁祥衣钵，任程家班第四任班主。此时程家班剧目有大戏 36 本、小戏 72 折，声腔有平词（七板）和花腔（多多腔）两大类，且能上演大本戏。

清光绪二十二年（1896），上石牌人产成义组建“仁义班”，演员有潘贤梅（花旦）、杨时忠（花旦）、杨恒兴（小生）、王友文（小丑）、杨久和（老生）等。自此至民国初年，以石牌为中心的皖河两岸，职业和半职业班社发展很快，共有 20 多个。光绪五年八月二十九日（1879 年 10 月 14 日）上海《申报》载：“皖省北关（安庆北门集贤关）外有黄梅小戏者，一班有二十余人……惟正戏后总有一二出小戏，花旦、小丑演出，百般丑态，与江省之花鼓戏无甚差别。”《皖优谱》载：“今皖上各地乡村中，江以南亦有之，有所谓草台小戏者，所唱皆黄梅调……他省无此戏。”这些职业或半职业班社的演出范围，绝大多数是广大农村和集镇，艺人们称之为“玩班子”，根据农业生产季节和农村生活特点，灵活机动地组织演出。演出设施因陋就简，一般都是露天搭台，俗称草台，角色穿戴无规格的“行头”，饰演生角的往往只穿长衫短褂，甚至借用和尚、道士

《天仙配》剧照（20世纪60年代）

《女驸马》剧照（20世纪80年代）

20世纪70年代以前的石牌地区戏曲表演舞台——草台

进行戏曲表演（20世纪70年代）

的袈裟和法衣，饰演旦角的则多向农村姑娘、嫂子们临时借用衣裙，黑色“丝包头”就是常用的“头面”，台上设施仅一桌两椅。

辛亥革命后，黄梅戏怀腔职业班社有了新的发展，凡具有一定成就的演员大多办班，领衔主演。最具影响的班社有汪芳弟的“仁义班”、张光友的“全福堂”、潘犹芝的“三友堂”、郝季球的“仁义堂”、刘盛扬的“仁义班”、陈恩保的班子、毕有璋的班子、白云芳的班子、贾三桂的班子、许百发的班子、刘六根的班子、江有成的班子、张宣俊的班子、张宏宣的班子、何支渊的班子、陈绍堂的班子、桂月娥的班子等。他们不仅立足石牌当地，面向省城安庆，而且远赴上海、江西、湖北等地献艺，为怀腔的发展、传播作出了重要贡献。

随着职业班社的兴起，黄梅戏演出开始从自娱自乐走向商业化，石牌剧院、剧场相继建立。丁永泉、桂月娥、严凤英、潘泽海、郑绍周、查文艳、张传宏等一批黄梅戏演员经常到石牌演出，从而招来望江、潜山等地的蔡仲贤、左四和、洪海波等一批擅唱徽调的演员加入黄梅戏行列，使表演技艺得到丰富与提高。

1952 年 11 月 5 日，上海《大公报》发表贺绿汀和张拓的文章，同年 12 月 5 日《安徽日报》发表张紫和彭湃的文章，均将“黄梅调”改为“黄梅戏”。

黄梅戏艺术

舞台　自明朝中叶起，石牌周边地区可供表演的戏曲舞台有 100 多处。

草台　指临时在郊外搭建的舞台，一般搭在打谷场、山坡空旷处。石牌地区民间戏曲班社众多，80% 以上都在草台进行演出。草台一般台宽 4 ~ 5 米，深 2 ~ 3 米，后面竖立一排门板作为屏风，也有用布幕、布帘的，锣鼓琴笛伴奏者分坐台侧的隐蔽处，也有坐在前台下边的。

戏园　是专供徽调、皮黄演出的场所。上石牌河沿街有一所大戏园，园内可容600多名观众，以售票为主，也有包场演出。抗日战争时期，下石牌陈家祠堂改建成戏园，搭建专门舞台，设座500余个。

戏楼　一般建在祠堂内，又称花戏楼。石牌周边如姜氏宗祠、潘氏宗祠、郝氏宗祠、王氏宗祠、杨氏宗祠等多建有戏楼。

唱腔

花腔　是黄梅戏“两小戏”和“三小戏”（又称“花腔戏”）唱腔的总称。花腔戏都是短小性质的农民生活小戏，唱句的字数不固定，中间夹着过门性质的“呀儿哟”之类的衬词，唱腔最后一句多重复一遍，以加强终止感。

主调　又名正腔，是黄梅戏中最重要、最复杂、最具代表性的一个腔系，是已经板腔化了的声腔，包括平词、火攻、二行、三行、彩腔、仙腔、阴司腔。演唱这些声腔，领奏乐器主胡多将成^{b}B-F，伴奏女腔时用的唱名是“5（so）-2（re）”，伴奏男腔时用的唱名是“1（do）-5（so）”。

伴奏　黄梅戏最初只有打击乐器伴奏，新中国成立初期，才逐渐确定用高胡作为主要伴奏乐器，并逐步建立以民族乐器为主、西洋乐器为辅、中西混合的乐队。主要乐器有高胡、二胡、琵琶、扬琴、钢琴、小提琴、笙箫、唢呐等。

角色行当　黄梅戏形成之初，只有“独角戏”“两小戏”“三小戏”。由小戏发展到本戏的过程中，角色增加了持须（正生）、正旦（青衣）和老丑等行当。本戏产生后，角色分为“上四角”（正旦、老生、正生、花脸）、“下四角”（小生、花旦、小丑、老旦）。二十世纪三四十年代，受京剧影响，出现刀马旦、武二花之类的行当，但因武戏

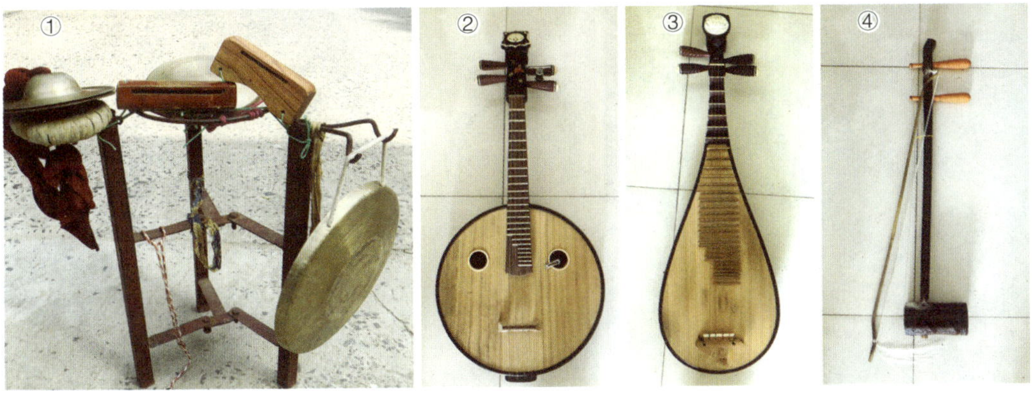

①镲、木鼓、锣　②阮　③琵琶　④二胡（2017年）

少，均未形成固定行当。

表演 黄梅戏早期的表演艺术，是在民间歌舞的基础上发展起来的，通过载歌载舞与插科打诨来表现普通人的日常生活。后受说唱艺术“罗汉桩”的大段叙唱以及青阳腔、徽调和民间艺术的影响，舞台艺术渐趋成熟，成为以唱功见长的地方剧种。

黄梅戏初期没有严格、固定的表演程式，基本以唱为主，辅之以小的形体动作，旦角表演时手拿手帕或扇子。20 世纪 30 年代才有水袖、甩发等基本身段，纺纱、织布、点麦、推磨、推车、打猪草、行船、绣花、补碗等表现形式均来自生活，富有泥土气息和生活情趣。

黄梅戏的特技动作，多靠演员发挥专长，不断创造新招，如“上还魂床”“单腿独立”“甩满发”等。“甩满发”又称“甩大顶”“摆帘子”，是黄梅戏旦角的特有技艺。它要求在一击锣中，演员将梳在头上的整个发髻甩到前面或脑后，上身前俯，大顶在头前甩圆数圈，以表示人物在生离死别或走投无路时的悲苦激愤之情。

舞美

化妆 通用的材料只有铅粉、烟子、桃红。没有铅粉，用糯米粉代替；没有桃红，用红纸化水代替。铅粉敷底色，桃红染口唇及双颊，烟子画眉。挂白口老生、丑生只涂淡脂，不抹水粉。画眉则要根据人物的身份、性格有所区分，一般是正生、正旦眉梢上微弧；老生粗淡；武行吊眉；老旦淡扫双眉；彩旦浓抹水粉，只染两块圆圆的红脸蛋，月牙眉细长下弯，鼻唇沟点一颗大黑痣；丑生眉下画成“八字眉”，有的还在眉心外画个豆腐方或涂白鼻子。

演员在化妆（2016年）

戏服（2017年）

脸谱（2017年）

脸谱　黄梅戏脸谱的使用始于京徽合演，借鉴京剧、徽剧脸谱而来。包公脸谱、红生脸谱因演员而异，具有石牌特色。

服装　早期黄梅戏班多演生活小戏，服装比较简单。旦角头顶扎不同颜色的彩球，手舞扇子或手帕，其余角色皆身着生活便服。每到一地大多向当地观众借用服装。

道具　黄梅戏草台班最初在谷场、庙台演出，大小道具均向民众借用，班主仅备有马鞭、桌帷、车旗、纸扇、手帕、包头、云帚等。道具比较简单，以巾、扇作为主要道具，如演员手中的扇子，既可当拂尘，也可当扫帚，还可作为毛笔。新中国成立后，专业剧团日臻规范化，道具越来越齐全、精致。

布景　黄梅戏草台班演出时，仅设一桌二椅，通过演员的艺术表演来表现环境。随着演艺的进步和发展，专业剧团用布景坊，专门制作道具及屏风、假山、花树等通用景物。

道具（2017年）

髯口（2017年）

《鸡血记》剧照（2015年）

布景分为屏风式、写实式、写意式。屏风式主要用在新编历史剧、神话剧中，用一根柱头、一扇门窗、一堵墙，以局部代替整体达到表现环境的目的；写实式多借鉴话剧写实手法来布置环境，新编历史剧、现代剧目中运用得较为广泛；写意式利用国画、剪纸、铁画等象征、寓意手法以达到托物言志、缘物寄情的目的。

石牌百戏

采茶调 清明、谷雨前后，正值采茶季节，乡村男女青年集于茶山摘茶，漫山遍野，歌声嘹亮，所唱小曲统称采茶调，也叫“采茶歌”。石牌新春灯会内容丰富，灯戏中的“花挑”（一般 2 人、4 人，多则 12 人挑花篮）演唱采茶调。常演的节目有：

山坡种茶

村前庄后尽山坡，
往年光秃空废着。
如今山坡我垦种，
茶树一棵挨一棵。

正月采茶

正月采茶是新年，路上行人，
（莲子花儿开呀）拜年呀！
（莲子花儿开呀）拜年呀！
贫居闹市无人问，富在深山，
（莲子花儿开呀）有远亲！
（莲子花儿开呀）有远亲！

清代石牌民间灯戏中就演唱采茶调，后来又逐渐把采茶调串起来演唱一些小故事，逐渐形成了以歌舞演故事的采茶戏。

耕歌戏 又称竹枝腔，俗名“竹枝调”，是由农村播种歌发展而来的石牌高腔同民间“杂要”融合而成的民间歌舞，产生于元朝中叶，已有600余年的历史。石牌流传有“咚咚咚，哐咚哐，河北（皖河北岸）来了竹枝腔”的民谣。《怀宁县志》记载：“每播种之时，主伯亚旅，一人发声，众耦齐和，长吟曼引，比兴杂陈，因声寻义，宛如竹枝。至治之象，溢于陇亩。”

耕歌戏主要唱竹枝腔，节目都是小戏，曲牌体，一唱众和，唢呐伴奏。唱词通俗易懂，土腔土语，具有浓郁的地方特色和乡土生活气息，多在迎神赛会上演出。明代大批皖南商人到石牌一带落户，促进了耕歌戏的发展，在吸收僧人、道士诵经做法事的佛调道腔后，成为某一俚俗演出的戏曲形式，如夫子戏、牛灯戏、彩龙船戏、冠礼戏、十献戏等，音乐唱腔和表演形式日趋完善，为后来徽戏、黄梅戏的形成和发展奠定了基础。

木偶戏 分为两种：一种是提线使木偶活动的“提偶”，一种是举着木偶表演的“托偶”。木偶戏对徽戏影响很大，石牌徽戏一些舞蹈动作，抬手抬脚的程式表演，如剧中人坐“内场”（椅子在桌子后），演员则是往右转身坐，如坐“外场”（椅子在桌子前），演员则是向左转身坐，“八字椅”坐上首的往右转，坐下首的往左转等，就是根据木偶提线的操作规则来确定的。

明永乐年间（1403—1424），石牌人伍雨亭办木偶戏班，全班3个人（丑角、旦角、生角），演唱的剧目多是武打戏。明末清初，怀宁人称木偶戏为“玩菩萨头”，演唱的腔调有乐佛调、苏调、扶风调、陇西调、弹腔等。艺人农忙种田耕地，农闲出外卖艺，戏金不多，很受欢迎。后来因徽调、皮黄和黄梅戏盛行，木偶戏逐渐衰落，民国时期偶有演出。

新中国成立后仅存许文和的木偶戏班，演唱形式是三搭头，即兼唱徽戏、京剧和黄梅戏。

影子戏 亦称皮影戏。清朝中叶，石牌镇四平街福建会馆表演影子戏，观众主要是福建商人。“影人”和银幕是用皮或纸做成的，唱浦腔或楚调，兼唱“扶风调”“陇西调”“江陵调”。

清同治、光绪年间（1862—1908），怀宁境内十里八乡都有唱影子戏的，民国年间时有演出。其时“影人”既不是皮的也不是纸的，而是蒲壳剪雕、绘画制作而成的。影子戏还传到了岳西，汪同元在《岳西高腔》中记述：“其时（光绪年间），白帽徐永和从石牌将皮影戏（唱高腔）传到白帽，并巡演于店前、冶溪及太湖北部山区。”新中国成立后，皮影戏的演出非常罕见。

夫子戏 此戏最初因专演三国时蜀汉大将关羽的故事而得名。石牌夫子戏始于明正德年间（1506—1521），已有400多年的历史。明嘉靖年间（1522—1566），开始出现“忙则农、闲则艺”的半职业班社。石牌民间《杂言》记载：“搭台蒙布，演戏分行。生旦净丑末脚，弹唱高腔……”明万历年间（1573—1620），是夫子戏发展的鼎盛时期，风靡以石牌地区为中心的皖河两岸及周边府县。

夫子戏的唱腔“乐佛腔”，又名“石牌高腔”。民谚云：“打醮做平安，演唱乐佛腔。”明末清初，弹腔兴起，取代了乐佛调。夫子戏回到乡村，与灯会结伴活动，一部分则被新生的弹腔接收，逐渐形成弹腔的红生戏。《弹戏谣》云：“乾隆八十班，班有刘关张。”又云：“桂香菊黄金风筛，筲箕山上搭戏台。锣鼓哐咚唱弹戏，阿哥阿妹看戏来。油郎独占花魁女，关张古城会兄台。”曹老三、夹板龟、程长庚、王鸿寿、杨小楼、夏月润、陈九香、查丙奎、陈刘根、张桂珊等10人，因为擅演关公，被誉为怀宁的“十把大刀”。

早期夫子戏剧目有《单刀赴会》《斩貂蝉》《护嫂》《过府》《封金》《挑袍》《会兄训弟》等，均是折子戏，长短句曲牌体，一唱众和，用锣鼓伴奏。

彩龙船戏　是石牌民间的一种戏曲表演形式，始于元末，鼎盛于清朝中期。所谓“彩龙船戏”，即把三条木帆船连成一体，再用彩色的布装饰连船，扎起彩棚，在船上演戏。

石牌船帮为敬楚王爷（屈原），每年端午，由潘、何、李、杨四姓结帮组织“彩龙船会”，请伶人唱戏乐神。清道光五年（1825）《怀宁县志》记载：“每岁龙船以初一试水，日日演之，唯初三不演，相传此日皆复（覆）舟，不欲犯其忌也。”彩龙船在皖河徐行，船户们鸣火炮接舟，赠红。船上进行戏剧表演，热闹非常，观者如云。

彩龙船戏多演吉庆应节戏，如《白蛇传》中的“游湖”、《白扇记》中的“当房会”、《唐僧取经》中的“孙猴子开路”等。演出时一般有四个戏班，多者十几个班，上游演到王家河、小吏港，下游演至皖口，一直抵安庆西门外的谢家墩、小新桥，有名气的徽班武生演员，都要借此机会露一手。

猴王戏　本是戏曲歌舞杂艺表演，因专演孙悟空的故事而得名。后逐渐被徽班吸收，创造出诸多的猴戏剧目，如《安天会》《水帘洞》《火焰山》《盘丝洞》等，形成“筋斗匠”行当，即短打武生，造就一批演“猴戏”的演员。从徽戏到京剧，猴王戏都是台上的一个亮点和看头。石牌猴王脸谱是在眉心至前额之间画一个桃子，桃子两边有数片桃叶，与全国所有剧种的猴王脸谱都不同，并且一直保留到清末民国初。

“猴王戏”多在春节灯会和端午龙舟会表演，表演中有高难技艺，如《开路》的表演就有一名壮汉肩驮一根既粗又长的竹竿，扮演孙悟空的演员爬上竹竿，做各种表演，如同玩杂技，非常受群众喜爱。

守岁戏　清末民国初期，由会馆、商会出资聘请戏班唱“守岁戏”。“守岁戏”，除夕夜戌时开锣，一直演到子时结束，开台戏是《跳财神》，接着演黄梅戏《鹊桥》《路遇》和京剧《群英会》，加演《天官赐福》《九锡公上寿》，戏金是平时的三倍。

冠礼戏　古时，男子年满 20 岁曰弱冠，表示成年。皖河两岸古风时兴冠礼，当年满弱冠的青年合起来组成一个号帮，拟定日子举行冠礼。冠礼多在正月举行，也有在八月中秋举行的。明末，石牌流行唱“冠礼戏”（又称响号戏），即冠礼时，请班唱戏，以示祝贺、酬客。所唱戏文是祝贺吉祥之类，如《刘秀报马》《八仙庆寿》《九世同居》等。新中国成立后，冠礼之俗逐渐消失，冠礼戏也随之消失。

敬祖戏　怀宁冬至有演戏敬祖之习俗。每遇冬至，全族丁壮聚集于宗祠，举行祭祖仪式。祭祀结束后，便开台演戏悦祖。有时要连续唱六七场，要求人歇戏不停。演出剧目有《九世同居》《八仙庆寿》《张良拾履得兵书》《群英会》《龙凤呈祥》《华容道》《张九龄上疏》《穆桂英挂帅》等数十出。清宣统三年（1911）的演出，轰动桐城、潜山和县城安庆，盛况空前。

谱戏　石牌地区很多姓氏在家乘编纂告竣时，要聘请戏班唱戏庆贺，叫唱谱戏。程长庚家族喜欢演戏，石牌罐子窑程氏宗祠建有花戏楼，修祠唱庆功戏，出谱唱贺谱戏，祖先生辰唱祀戏，清明唱祭戏。一唱就是 10 天，这在安庆地区都是少有的。

戏曲班社

民间班社

石牌民间戏曲班社历史悠久，清同治、光绪年间（1862—1908）如雨后春笋，层出不穷。班社一般十四五个人，个别班社达二十多个人。民间班社衣箱和舞台设备等固定资产由私人购置，所有权归班主、老板或团长，演职人员以演戏为职业，以卖艺为生，不再半农半艺。一般民间班社全年演出场次为 250 ~ 300 场（农闲一般日夜两场）。每场戏金几百元到几千元不等，外加打彩钱。戏金一般按股平均分配，每人 1 股，衣箱（包括服装、盔帽、布景、道具等）为 1 股，舞台设备为 1 股或半股，如全班 15 人就按 17 股或 16 股半计算。20 人以上的大班社，采取厘头账分配，主要挑梁演员 9 厘，一般演职人员 7 ~ 8 厘，学员 2 厘。班主、老板可先在戏金中提取 20% 作为衣箱和舞台设备的折旧费，然后按厘头分配给演员。打彩钱，先提取一定数额给被打彩的表演者，然后按实有人数平均分给每个人。演出剧目主要是传统剧目和移植剧目，少数班社能演连台本戏。

2000 年 12 月，安徽省第六届艺术节组委会在石牌召开“戏曲之乡——怀宁”学术研讨会。石牌黄梅戏民间班社为大会演出《访友会面》和《闹黄府》，得到与会专家的一致赞许。安徽大学教授朱万曙说道：“怀宁的民间班社让人振奋，它们真正继承和发扬了徽班的开拓进取精神，‘戏曲危机论’‘消亡论’在它们面前不攻自破。”

2004 年 10 月，怀宁县举办黄梅戏民间班社展演，安徽省戏剧专家柏龙驹、时白林、陈精耕等担任指导和评委，柏龙驹还撰文《为怀宁民间班社叫好》。

程家班 程家班经历四任班主，绵延一百多年。首任班主程福香，石牌民间艺人，原为徽调宜庆班武生演员，于清康熙中晚期创办戏曲班社。第二任班主李明波系程福香之子，工小生，因过继舅父为嗣，故而姓李，于清雍正末年接替父亲掌班。第三任班主陈郁祥，工小丑，于清乾隆中期担任班主。第四任班主小程福香，工小生，系程福香曾孙，于清道光十年（1830）接管班务。程家班能演出整本大戏。

仁义社 清光绪二十二年（1896），上石牌杂货店老板产成义办起职业黄梅戏班，取名“仁义社”，是怀宁县第一个有班名的黄梅戏班社。仁义社的主要演员有潘贤梅（花旦），杨世忠（花旦，系潘贤梅之师），产成义（小生），杨六和（须生），刘成长（小丑），杨恒兴（小生），柯四保（司鼓）。因班里有坤旦，当时称阴阳班子。仁义社擅演大小剧目，多演折子戏。演出地点在石牌周边地区及安庆、池州、芜湖等地，所到之处颇受欢迎。1916 年，罐子窑的汪芳弟任班主，改名为“仁义班”。1930 年，郝季球任班主，改“班”为“堂”，刘盛杨任班主后又改回“仁义班”。1949 年 9 月，仁义班与京剧班社“大四喜”合班，取名为“京黄剧社”，后为“怀宁剧院”。京剧黄梅戏合演的怀宁剧院于 1956 年更名为“怀宁县黄梅戏剧团”，专演黄梅戏。

胡家班 班主胡我发，生于清康熙三十六年（1697），幼读私塾，十二三岁入程福香科班学艺。清雍正十三年（1735）建班至清乾隆三十五年（1770），班址设在石牌，演出范围为怀宁、望江、东流、至德等县乡村。主要演艺人员：宋子山（生，雷埠人），应双全（生，石牌人），汤达三（旦，石牌人），胡方周（旦，石牌人），何重珠（旦，石牌人），邵端苗（丑，石牌人），胡天禄（丑，胡我发次子），陶珠伢（司鼓，石牌人），高广其（司锣，小市人）等。雍正、乾隆年间（1723—1795），该班与当时走红的程家班、张家班齐名。

方周班 班主胡方周（旦，胡我发徒弟），生于清乾隆十三年（1748），石牌人。自乾隆三十五年（1770）建班至清嘉庆二十一年（1816），在以石牌为中心的周边乡村演出。主要演员：陶润章（生，石牌人），方传运（生，月山人），董田伢（生，石牌人），程士珠（旦，总铺人），艾火旺（旦，总铺人），舒贤泽（旦，总铺人），潘家喜（净，总铺人），王基发（丑，石牌人），容喜子（丑，雷埠人），孔浩景（司鼓）等。常演剧目有《文王访贤》《大保国》《路遇》《织绢》《分别》《送子》《双合镜》《桃花洞》《花园会》等。

郝家班 班主郝文佑，生于清乾隆二十三年（1758），雷埠人，小生演员，师承何发玉。乾隆五十六年（1791）建班至清同治五年（1866），演出于怀宁、太湖、潜山、六安、霍山、霍邱和湖北省英山等地。骨干演艺人员有王基玉（生，石牌人），钱名魁（生，石牌人），国友浩（生，石牌人），容毅谦（旦，雷埠人），郝李晓（旦，雷埠人），昝贤庆（旦，凉亭人），程如谱（旦，石牌人），何胜发（旦，石牌人），宣年伢（净，凉亭人），方天学（净，石牌人），沈奇方（丑，月山人），孟鹏书（丑，茶岭人），张留东（司鼓），查毛伢（司鼓，腊树人），华波（司锣，三桥人），江朝旺（司锣，黄墩人）等。演出剧目有《凤仪亭》《戏凤》《山伯访友》《珍珠塔》《牌环记》《瞧相》《劝姑讨嫁》等。

王家怀腔班 清光绪年间（1875—1908），王乐富创办怀腔班，1924年因欠债抵押衣箱停演。王乐富的徒弟王的毛赎回衣箱，成为第二任班主，主要演员李玉洲（小生）、曾长寿（小丑）、劳炳旺（花旦）等都是石牌人。第三任班主王玉坤（诨名洋狗），是二十世纪三四十年代皖河一带有名的小生，曾与黄梅戏坤旦阮银枝、丁翠霞、桂月娥、张胜英等合作。第四任班主王才根，诨号"麻子才伢"，将王家班更名并注册为"怀宁县新声黄梅戏剧团"，任团长。新声黄梅戏剧团先后到安徽、湖北、江西、江苏、浙江、福建等十多个省市巡回演出，能演100余出剧目。2005年，该团被中共中央宣传部、文化部授予"全国服务农民服务基层文化工作先进民营文艺表演团体"称号。

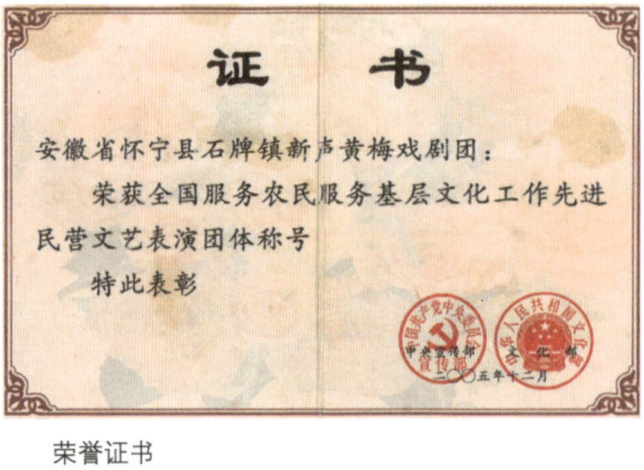

荣誉证书

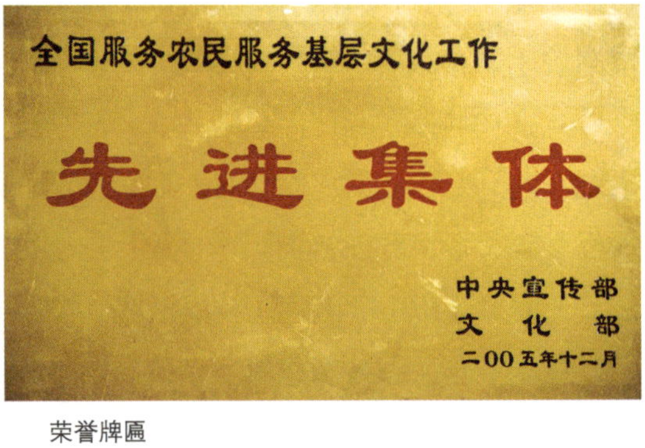

荣誉牌匾

钱家牌怀腔班 1927年组建，第一代演员有钱促喜（小生）、钱在池（老生）、钱根荣（旦）、王南堂（净、丑）、贾三桂、徐根堂、龙昆玉（望江人）等。第二代演员有钱辛卯（小生）、钱的根（老生）、钱星桥（花旦）、钱长根（青衣）、钱新会（小丑）、汪存犬（净、丑）。第三代演员主要有钱文海（小生）、钱近松（老生）、钱的旺（生）、钱金根（花旦）、钱水根（青衣）、钱长生（丑）。

钱家牌人钱来保，师承钱文海，于20世纪90年代初创办迎春黄梅戏剧团，巡回演出于怀宁县内外。钱来保夫妇、钱凤琴（钱文海之女）、钱火伢等为钱家牌黄梅戏班的第四代传人。

罐子窑黄梅戏科班 石牌东边的罐子窑人称“戏窝子”。这里陶土资源丰富，制陶工人工作之余学唱戏曲，自娱自乐。20世纪初，制陶工人程容育开始办科班，最初收徒5人，即潘犹芝、汪芳弟、何希甫、汪芳举、何莫全（绰号“短腿”）。程容育边授徒边演戏。因演员少，只教角色少的戏，演员一专多能。石牌旧有俗语“罐子窑班，三本半戏”，即指《花亭会》《双合镜》《珍珠塔》三本，加《西楼会》《鹦哥会》戏胆一折。后来戏班发展，人员充足，上演剧目增多，演出于石牌周边乡村。潘犹芝于抗日战争前组班，班名为“三友堂”。

罐子窑陶瓷厂的工人于20世纪60年代成立黄梅戏剧团，上演剧目既有古装戏，也有现代戏。常演剧目有《小辞店》《山伯访友》《珍珠塔》《荷花记》《张朝宗告漕》《西楼会》等。移植剧目有《闹江州》《奇袭白虎团》《一家人》《秦香莲》等。1966—1976年，安庆专区黄梅戏剧团演员何世勤、阮银枝夫妇回到家乡罐子窑，指导剧团排演《红灯记》，并担任主演。罐子窑黄梅戏科班师承绵延四代，涌现出一批黄梅戏名家名伶，如潘犹芝、汪芳弟、何世勤、陈宗记、程神明、王玉坤、潘根荣等。

杨家牌徽京剧团 清光绪年间（1875—1908），杨家牌伶工杨开荣（文武小生）、汪树宝（文武丑）、程富尔（花旦）、熊春江（老生）等组建徽班“春意堂”，班主为熊春江。熊春江在《跑城》中扮演徐策，唱做俱佳，有“活徐策”之誉。

新中国成立后，杨家牌戏曲伶工和爱好者续承前人衣钵，组织一家半徽半京的班社，京剧演员刘双奎、吴玉楼、孙蝶艳、陈金奎等先后应邀传技授艺。该团有演员60多人，能演140多个大小剧目，擅长武打戏，其中《辕门斩子》《跑城》《渭水河》《铡包勉》《甘露寺》等为当家戏。演唱吹、拨、皮诸腔别有风味。1984年春节在石牌表演《铁公鸡》，观者如织。剧团在石牌周边及望江、潜山等县演出，深受群众欢迎，被称为杨月楼家乡的京剧团。

1981年5月和1982年6月，文化部及中国艺术研究院戏曲研究所专家马彦祥、余从、汪效倚、屠楚材、潘仲甫等到杨家牌徽京剧团指导工作，并与演员合影留念。

怀宁县黄梅戏剧团 1949年3月，石牌解放，戏曲艺人云集石牌。京剧艺人以“大四喜”为主，黄梅戏艺人以“仁义堂”为主，组建“怀宁京黄剧社”，京剧、黄梅戏合演。在下石牌前街孙家祠堂建剧场，命名为“怀宁剧场”，可容700多名观众。

1956年创作的《金猴子》参加安徽省第一届戏曲会演，获得演出奖和音乐一等奖。此时“怀宁剧院”改为“怀宁县黄梅戏剧团”，成为全县唯一的事业单位编制的专业剧团。剧团坚持上山下乡，送戏上门，“一条扁担挑遍全县”的事迹先后被省、地党报报道，受到国务院和省委、省政府嘉奖。1960年，被全国文教群英会评为“先进单位”。

1980年11月，文化部政策研究室负责人和省委宣传部、省文化局负责人观看怀宁县黄梅戏剧团演出的《胭脂》以后，盛赞“戏曲之乡”后继有人。

1981年，《失刑斩》首演获得好评。1982年9月，赴四川省巡回演出7个多

《郑小娇》剧照（20世纪70年代）

《邓石如传奇》剧照（2001年）

《独秀山下的女人》剧照（2012年）

《失刑斩》剧照（20世纪70年代）

月，获得巨大成功，又到海南、福建、江西、山东等地演出，均载誉而归。此后剧团编演大型古装戏《七仙女送子》《李离伏剑》《邓石如传奇》和现代剧《家庭公案》《于无声处》《独秀山下的女人》等，屡获好评。创作的剧本和演员的表演多次获市、省和国家级奖项，有的剧本还被拍成电视剧。

2002 年，怀宁县黄梅戏剧团随县城迁至高河镇。

班规与班俗

十大班规 清朝、民国时期，石牌戏班有许多规矩，如童伶入科班以后，每人要挨二十大板，曰“脱洋毛”，即打掉外行习气，让你明白从即日起，自己就是梨园子弟。又如戏班的人不许坐在演员上场亮相的“九龙口”处；旦行演员不许坐在衣箱上；打鼓佬的椅子传说皇帝坐过，严禁一般人坐。据记载，石牌民间班社十大班规有两个版本：1. 不欺师卖友，不欺兄霸嫂，不眠花宿柳，不招摇撞骗，不见异思迁，不见戏推诿，锣响登台，散戏归下，日行百里无怨，夜回宿。2. 不忘师败道，不在班思班，不背班私逃，不成群结党，不坐班拆底，不临场推诿，不见误场不救，不奸淫邪道，不冒犯公堂，不偷盗拐骗。

凡违犯以上班规中的任何一条，轻则当众认错，重则由炊事员持鞭、棍责打 20 下。若再重犯，逐出戏班。被逐出班子的演员，其他班社在一年之内不得接收使用。

尊三圣公为祖师 旧时，黄梅戏班社设有祖师牌位。牌位用薄板制成，一尺（1 尺≈ 33.33 厘米）余长，三四寸（1 寸≈ 3.33 厘米）宽，上面竖写“敕封杜郭田三圣公老郎之神位”。顶头的“敕”字用朱砂书写，“杜”“郭”“田”三个姓并写在一排。至于“三圣公”到底是什么人，说法不一，大多说“杜”是杜荀鹤或者杜甫，“郭”指后唐吹鼓手郭从谦，“田”则指唐玄宗时在宫廷弹琵琶的雷海青。雷海青因怒斥安禄山被处死，唐玄宗避难还朝后，曾梦见雷海青身披金甲站在云中，背后旗帜上的“雷”字被祥云遮住了上半截，只露出“田”字，所以后来就被改为“田”姓。

迎财神　戏曲班社和商店一样笃信财神。班社设有神龛，供奉财神赵朗，神像背面方孔里悬挂一“银元宝”，意为财神的心。除夕之夜举行迎财神活动。由班主扮成财神，演职人员盛装随后。迎神队伍于子时从剧场正门出发，按每年财神所在方向行进，不遇上动物不能返回。遇上猪最高兴，认为肥猪拱门，金银满囤。遇上兔子最晦气，认为兔子善蹦，金溜银空。全班人要对吉祥动物下跪磕头，然后吹吹打打返回剧场。每年正月初二或业务不景气时，都要对财神烧香礼拜，祈求保佑。

祭猖与扫台　石牌镇有一座王灵官庙，建于清嘉庆年间（1796—1820），供奉老郎菩萨王灵官。王灵官是徽班、京剧和黄梅戏班共同供奉的祖师。清光绪八年（1882），王灵官庙被洪水冲毁，次年冬在原址重建，光绪二十七年（1901）又遭洪水冲毁。

戏班每到一个新台口，首场戏开锣以前，都要举行祭猖。祭猖时由一名演员缚一只活公鸡在舞台上表演舞蹈，然后将公鸡头剁下，用鸡血朝舞台的大柱子上醮祀。最后一场戏结束时，要举行“王灵官扫台”，扮演王灵官者手持钢鞭，钢鞭上缠鞭炮，燃响绕台一周，宣告演出结束，石牌俗语“王灵官扫台”由此得名。新中国成立后，这一习俗被废除。《百神图》中记载，四川一带民间演戏娱神，在演出结束时，总要加一个节目，让一个演员扮演王灵官扫台。“王灵官扫台”班俗，四川、湖南、安徽大致相同。

发笔仪式　发笔仪式是纪念祖师三圣公的一种仪式。通常做法：由班主端上在瓷碗里蒸过的铅粉，送给丑行名角。丑角拿起毛笔饱蘸铅粉，在墙壁上画个奇怪图像，画完将笔往墙上一甩，紧接着班主向大家拱手说：“祖师爷保佑，万事大吉！”伶工们则互相抱拳道：“辛苦！辛苦！”再由三花脸拿着刚才那支毛笔，在自己的鼻梁上画块白团团，接着众人从瓷碗里拿铅粉开始化妆，仪式结束。这一仪式一般在农历每月初一举行，主旨为尊重丑行、凝聚人心。

尊重鼓佬　戏班子尊重鼓佬的习俗由来已久。历史上有两位皇帝爱好戏曲打鼓艺术，一是戏曲鼓板创始人唐玄宗李隆基，二是清德宗光绪帝。光绪皇帝曾经为杨月楼在宫廷内演出的《四郎探母》司鼓，在京剧界传为佳话。黄梅戏场面伴奏是在台幕前的右边，靠近台口的是鼓佬座位，就是因为唐玄宗和清德宗曾充当鼓佬之缘故。过去主要演员每到一新台口，首场演出都要行至上场门出台亮相的“九龙口”处，向鼓佬鞠躬，以示敬意。辛亥革命以后，这一习俗逐渐消失。

徽班请帮师 帮师是石牌徽班专门为年老体衰的老伶工设置的工种。帮师的工作任务是在演出时补缺。如检场、场面缺人，帮师就要顶缺，甚至衣箱、盔箱的管理人员误场或迟到，亦要顶替其工作。老伶工们虽然辛苦，但都乐意干，与演员和相关人员配合默契，关系和谐。当时戏班收入分配，是厘头账，帮师老人为五六厘。收入虽不多，却能解决温饱，实为戏曲班社的一大优良传统。清末至民国时期，京剧班社亦仿效传承徽班尊老的优良传统。

戏剧产业

刻印剧本作坊 清道光年间（1821—1850），上石牌四平街有一家刻印戏曲剧本的作坊。作坊主潘振坤，原是商号老板，爱好弹戏（徽调）、昆曲，有时还登台表演。为

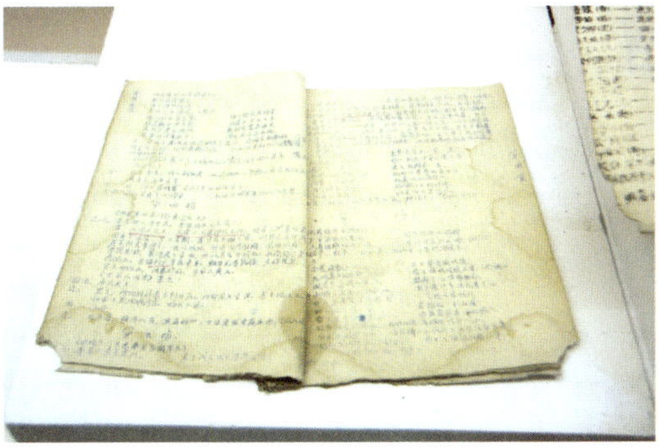
石牌名伶手抄本（一）（2016年）

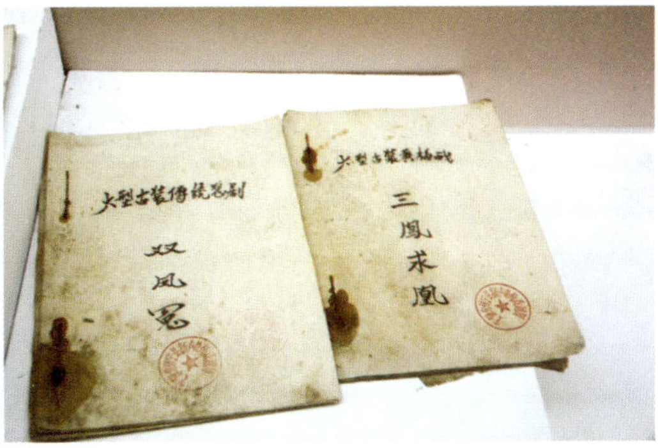

石牌名伶手抄本（二）（2016年）

戏曲盔帽·凤冠（2017年）

传播戏曲艺术和方便科班童伶学戏，创办刻印剧本作坊，动员各班社提供蓝本（多是手抄本），由其负责刻印出版。

盔帽制作　自清朝中期开始，戏剧盔帽制作一直是石牌的重要行业，石牌的前街、后街、上街有数十家店铺，从业人员近百人。当时在皖西南地区，制作戏剧盔帽的只有石牌一处，省内外戏曲班社纷纷慕名而来，住店排队定制、购买。

戏剧盔帽制作工艺复杂精湛，且品种繁多。样式基本是沿袭明朝的服饰、官帽，因角色需要，上起皇亲国戚、王公大臣，下到贩夫走卒、庶民百姓都有其独特的盔帽，如九龙冠、平天冠、七凤冠、珠冠、紫金冠、夫子盔、元帅盔、花凤坤帅盔（女元帅）、太师盔、纱帽盔（分为圆翅、尖翅、长翅）、状元盔、驸马盔、小生巾、公子巾、娃娃巾、小生鸭尾巾、老生鸭尾巾、员外巾等。盔帽制作工具有剪刀、钳子、铅笔、蜡板、刷子、挤粉嘴（漏斗状）、彩笔等。制作材料亦是当地常见的易购之物，如铅丝、桑皮纸、胶水、饰品、金粉、银粉等。大致的制作流程：先按所要制作的盔帽绘制各种部件形状，用黄纸板剪出部件形状，然后将所有部件组装成型，再将所需各类装饰品安装到盔帽上的合适位置，最后装金上色，即为成品。

戏剧盔帽所用大多是古典图案，如蛟龙纹、凤纹、祥云、火焰、海水、蝙蝠、寿字、如意、云勾、缠枝莲、宝相花、回纹、春草等，体现了封建王朝的等级制度。因此如今徽剧、京剧、黄梅戏的古装剧中仍保留着明朝的服饰风格。为了适合舞台灯光效果，近百种盔帽外观色彩大多以宝蓝色为主调。

清朝末年，石牌的盔帽制作作坊有何家、李家、程家等店铺。其中何家老店最负盛名，乃制盔帽世家，坐落于下石牌桶匠街（今名后街），其制作的盔帽花色品种众多，制作精致，闻名遐迩。清同治年间（1862—1874），店主何熙贤不仅制作戏剧盔帽，还兼掌“同乐堂”徽班。何熙贤之子何重谐袭承父业，经营盔帽业。

产和宝在制作盔帽（2017年）

产和宝讲解盔帽制作工艺（2017年）

外国游客在2017年第十二届中国北京国际文化创意产业博览会上体验凤冠（组图）

民国时期，石牌镇仍有何家、李家、潘家等戏剧盔帽店，产品销往省内外。1957年，怀宁县在石牌镇后街成立戏剧盔帽社，社中有李长久、潘光汝、何廉舫、李嘉禾、陈甲荣、李长发等6名师傅和学徒产和宝。受当时环境限制，盔帽社产品单一，工艺简单，产品大部分供农村业余剧团使用。1966—1976年，禁演古装戏，戏剧盔帽行业受到很大的冲击，只有李长久坚持教授产和宝，潘光汝受聘于江西都昌县剧团，其余制作师傅迫于生计改行。

改革开放后，盔帽制作工艺得以复苏，工艺传承人产和宝开始从业授徒。“石牌戏剧盔帽制作工艺”被列入安庆市第三批“非物质文化遗产”保护名录。

梨园轶事

石牌名伶孔府传艺　山东曲阜孔府档案中存有清乾隆三十三年（1768）二月孔府家班教习陈彩臣的禀帖。禀帖云：“切（窃）身系江南安庆府怀宁县人，在公爷门下教演梨园。去年十一月初六日，蒙公爷发银一百两，差赴本籍，邀合脚色（通角色）。到家相遇同行明白说合，邀到正旦李大谛、筋斗匠潘二六、小生金花官、帖旦汪八官、小旦张还官，又邀教师肖至江。跟同各脚色父兄保人写立契纸，身份银钱，一一交足……”从这段史料来看，乾隆年间（1736—1795），山东曲阜孔府家班中不但由怀宁籍伶人充任教习，而且还邀约怀宁县的名伶参加演唱。教习陈彩臣回原籍邀请角色，邀到石牌腔生、旦、筋斗匠行当和教戏师。

档案资料还记载，“筋斗匠潘二六”“言明身价钱十五千”，与小生金花官相等。“筋斗匠”能“相扑打”，地位高。

陈彩臣、潘二六、金花官、李大谛等，把石牌腔和由石牌腔衍变而来的二黄调及弹腔戏剧目传到山东，融入山东各剧种。山东梆子、莱芜梆子、东路梆子、大弦子戏和柳子戏等剧种，如今仍保留有石牌腔、二黄调和高拨子等怀宁弹戏的主要腔调，许多弹戏剧目也成为山东各剧种的保留剧目。

程长庚故乡献艺 清同治八年（1869）秋，程长庚回故乡探亲，远近稍有名气的艺人都来拜见。石牌一些大戏班骨干演员都要求与程长庚同台献艺，程长庚欣然应允。戏台搭在上石牌筲箕山，戏目为《华容道》，程长庚饰关羽，其精湛的演技赢得满场喝彩。演出结束，观众久久不愿散去，强烈要求再演一场，程长庚难却家乡父老之盛情，第二天加演三国戏《草船借箭》。程长庚此次回乡演出非常轰动，推动了怀宁戏剧的发展。此后，原有的同乐堂和四喜堂阵容扩大，还新增了大四喜、春意堂、新阳春、新长春、同义堂等几个班社，以及三桥的陈、周、夏等姓组织的班子，这些班子后来都成为有名的京剧班社。

杨月楼故乡演猴戏 杨月楼于清光绪八年（1882）回到家乡石牌，路过安庆时受到同庆堂伶友邀请演出。演出的压轴戏是《辕门斩子》，杨月楼饰杨延昭。次日，杨月楼又主演猴戏《闹天宫》，剧场座无虚席。戏一开演，只见一根金光闪闪的棍子，直立在舞台中央，飞快地旋转着，接着扮演孙悟空的杨月楼一个“踺子”一个“提”，轻捷翻滚出场，行至台中，不慌不忙地一挥右手，操起还在旋转的“金箍棒”向臂膀上一挽，一个飞跃，身子顺势往后一仰，做了一个猴面亮相，学了一声猿猴啼鸣，眨巴着眼睛，咂嘴吐舌，一个顽皮的猴子形象活灵活现地出现在观众面前，博得观众的满堂喝彩，齐声赞道：“杨猴子果然名不虚传！”

慈禧听戏赦月楼 杨月楼是当时名噪一时的京剧小生，因其技艺精湛且长相清秀，被很多少女爱慕。清同治十二年（1873），杨月楼与一广东茶商的女儿韦阿宝私订终身。女方父母认为杨月楼身份低贱，娶良家之女违反了良贱不婚的礼法，予以阻拦。为阻止二人成婚，女方父母竟诬陷杨月楼拐骗妇女、盗人钱财，告到官府。主审此案的上海知县是广东人，当堂对杨月楼施以重刑，判罚杨月楼流配到黑龙江。身为伶人的杨月楼社会地位低下，丝毫没有翻案的机会，但不想慈禧太后出手了结了此案。同治十三年（1874）三月二十三日，紫禁城里庆祝同治帝生日，酷爱京剧的慈禧特命有名的京剧班子在宴会上唱戏。观戏时慈禧觉得台上演员的表演远不如杨月楼，便回头问太监李莲英为何不请杨月楼。李莲英立即把案情禀报慈禧太后，慈禧太后听了后说道："可惜了杨月楼一身的本事。不就是良贱通婚嘛，断离就行啦，值得用重刑么？说什么盗拐，判官真是糊涂，杨月楼还会缺钱使么？我看对杨月楼也不用施刑了，该在哪儿唱戏就在哪儿唱，别为这事荒了他的戏。"

杨小楼力救家乡伶友 清光绪三十二年（1906），怀宁京剧班社仁和堂在北京东郊昌平县演出。当地有一官家小姐名叫谢蕊云，爱看仁和堂甘子福的小生戏，每场必到，后来居然要求甘子福收她为徒。甘子福把此事禀告班主夏昌松，夏婉言谢绝了谢小姐的要求，谢小姐一气之下离家出走。谢家仗势欺人，诬陷戏班诱骗良家闺秀，封了戏箱，抓走班主夏昌松。演员张光义、韩昌汉等无奈之下找到杨小楼哭诉。杨小楼听完哭诉，遂托人打通关系。过了 10 天，夏昌松被释放。夏昌松、甘子福等登门拜谢，杨小楼又拿出一百块银圆给夏昌松，以解班上 50 多人断炊之急。夏昌松等万分感激，欲写借据。杨小楼说："要写借据，就用红纸写吧。"因旧俗凡用红纸写借据的，就是不限定还钱期限，借钱人什么时候有钱就什么时候还。杨小楼"红纸写借据，还钱无期限"之德，在桑梓伶界广为传颂。

文武双全潘仁师 潘仁师，生于清道光十年（1830），是未补廪的白衣秀才，石牌人。因家境贫寒，投到邱木匠的怀腔班，润色剧本，书写戏报。

清咸丰元年（1851），太平军进攻安徽省城安庆，派乔道良、乔玉秀父女到古镇石牌刺探军情，并动员当地穷苦百姓参加太平军。乔氏父女原本是鄂东北民间艺人，他们到石牌以后，为方便开展工作，就投到邱木匠的戏班，因此结识潘仁师，并与潘仁师成为莫逆之交，乔道良推荐潘仁师参加太平军。咸丰三年（1853），太平军由太湖县进驻石牌准备攻打安庆，潘仁师组织数百人参战，以戏曲伶工为骨干，手工匠人、船民、小商贩、农民都有参加。弹腔戏伶工陈训和、潘振法和怀腔戏伶工李盛荣、张述东、费茂才、谈虎等潜入安庆城里，找到伶友李老八、邱良才等，进行策反内应，争取清兵反戈。正月十七日，太平军攻克安庆。

为护卫安庆，太平天国英王陈玉成在皖河岸边的猫山修建石牌新城。新城竣工之时，临近春节，潘仁师邀集安庆六个县十几个班社演戏庆贺，演艺人员达 300 多名，陈玉成观看演出。潘仁师因率众参战攻打安庆有功，做了石牌新城行政管事。

咸丰九年（1859）九月，清军将领多隆阿攻克石牌新城，潘仁师投皖河自尽，其他戏曲艺人随太平军撤离石牌。

严凤英传艺潘根荣　1960 年夏，严凤英随安徽省黄梅戏剧团到石牌慰问演出，其间传艺潘根荣。特别是《天仙配》"路遇"一折戏，严凤英从唱、念、做、舞到手、眼、身、步、法，一丝不苟地教授。潘根荣见严凤英汗水湿透了衣服，心疼地说："大姐，休息一会儿吧。"严凤英说："我不累，我们是互相学习嘛。"严凤英还教潘根荣化妆："花旦扮演的是女青年，眉毛画短些才显得年轻，才显得有生气、有神气！"她还赠送化妆用品给潘根荣作纪念。

严凤英的指点对潘根荣后来的表演影响深远。1982 年秋至 1983 年夏，怀宁县黄梅戏剧团到四川演出，潘根荣主演《女驸马》，观众评述其唱腔和表演均有严凤英的表演艺术遗风。

怀腔宜塘班与怀宁大众剧团联袂演出　宜塘班成立于 20 世纪 30 年代末 40 年代初，其时怀腔班社三友堂与全福堂合并，以石牌旧名宜塘命名。此时石牌戏剧演出频繁，上石牌有一班唱徽调、皮黄大戏，下石牌有一班唱怀腔小戏，日夜售票演出，上演《三江好》《百马记》《流亡三部曲》《大义灭亲》《打鬼子》《放下你的鞭子》《黄河大合唱》等剧目。宜塘班名伶潘犹芝、刘盛杨、郝季球、郑绍周、汪玉琴、丁永泉、丁翠霞、玉剑锋、柯剑秋、韩家松、王玉坤、张宏焰、张玉坤等与怀宁大众剧团联袂演出。除传统剧目外，还新编演出抗日新剧《十恨日本兵》《捉汉奸》《送夫当新四军》等，深受军民欢迎。

七仙女与怀宁　黄梅戏电影《天仙配》中七位仙女的扮演者，与怀宁都有着千丝万缕的联系：七仙女的扮演者严凤英师从怀宁黄梅戏表演艺术家丁永泉；二姐扮演者、黄梅戏表演艺术家潘璟利，原名潘中霞，出生在怀宁；三姐扮演者潘霞云，是怀宁县洪铺镇街道人，从小就爱唱黄梅调；四姐扮演者丁俊美，外祖父丁永泉、母亲丁翠霞均是对黄梅戏有贡献的演员，他们当年与潘璟利的父母一起逃难到怀宁县大雄山脚下的陈家田铺，丁俊美就出生在陈家田铺，故取名叫田铺，后改名为丁俊美；五姐扮演者江明安是严凤英的徒弟，演戏又多得怀宁老艺术家的指点，她的演唱怀腔味甚浓；六姐扮演者张萍的演技也得严凤英亲传，是严凤英的得意门生，1954 年春末夏初，受省文化局委派，张萍参加怀宁剧院演出，与怀宁结下一段艺缘；大姐扮演者王少梅，20 世纪 30 年代随父兄到怀宁，与怀宁艺人同班演出，与怀宁有着深厚的情谊，并称怀宁是她的“第二个故乡”。

戏曲传承

2012 年以来，石牌镇坚持开展“黄梅戏进校园”活动，挖掘黄梅戏艺术中积淀的中华民族传统美德、民族智慧、艺术精华和审美情趣，通过多种途径来培养广大学生对黄梅戏的情感。镇域各学校均建有黄梅戏演艺大厅、戏曲盔帽制作活动室，贴挂戏曲文化宣传牌匾、名人画像，开设戏曲课程，普及、宣传黄梅戏的历史价值和文化内涵，分别在音乐课、美术课、舞蹈课、手工课上讲解黄梅戏唱腔、灯光、道具、化妆等艺术的奥妙。唱黄梅曲，品黄梅韵，立君子品，成为石牌校园文化的内核。2018 年 1 月，怀宁县

第四届安庆市青少年戏曲电视竞演决赛（2019年）

实验小学学生学习黄梅戏（2017年）

实验小学被教育部公布为第二批“全国中小学中华优秀文化艺术（黄梅戏）传承学校”。2019 年 8 月，怀宁县实验小学和石牌镇中心学校分别获第四届安庆市青少年戏曲电视竞演一等奖、二等奖。

附一：徽剧传统常用曲牌选例

管弦乐（工尺谱）

[风入松] 仩仩仩六，仩五六二六，工尺上尺，工六尺，工尺工六，六上尺工，上尺上工尺上五六，仩五六工工六五六工尺，工尺上工工尺上。

[香柳娘] 尺上尺工尺上上尺上尺工尺上上。工工六五，工尺工六尺工上工尺上。

[清江引] 六五仩五六仩工，六尺工尺上，六五仩五六仩工六尺工尺上，工尺上工尺，六五仩五六仩工，六尺工尺上。

[急三枪] 上尺工，上尺工，上尺工，六尺，工尺上尺工尺上上尺工，六尺工，上尺工六尺，工尺上尺工尺上。

[点绛唇] 五六工六尺，工上尺工六五六，五六工尺，工上尺工，六五六五六，五六尺尺上尺五六。

庆六一·黄梅戏进校园成果展演（2016年）

打击乐

[急急风]（催场用）坤打叱，坤打叱，坤打叱坤叱＝坤打叱。

[十三槌] 坤打叱坤，而叱叱坤叱坤，次叱乙扎坤，次叱乙扎坤，次叱工扎坤，次叱次扎次坤，坤叱，坤次叱乙扎抻，坤次吒乙扎坤，次吒乙扎坤，次扎次扎次坤，叱，坤叱次叱坤，叱坤乙扎叱。

[水底鱼] 坤，叱坤，次叱工扎坤，次叱乙扎坤，次叱乙扎坤，次叱次，坤叱坤，乙扎叱。

（录自安徽博物院藏清抄善本《徽剧谱》）

附二：徽剧演出程序

开台　开始称“闹花头”，又名“打闹台”。开演前招徕和等候观众及安顿已到场观众的手段，打击乐队演奏成套的锣鼓经。

打台　由青少年演员饰演的武生演员表演各种筋斗和特技，目的是维持现场秩序，告诉观众即将开演，同时也显示班社实力。

跳八仙　表演八仙过海时的各种技艺。

三跳　即跳魁星（科举及第），跳加官（加官晋爵），跳财神（财源滚滚），寓意吉祥。

报戏文　向观众报告当场上演的剧目，有时也简介剧情和演出阵容。

演出折子戏　一般演出三折，如《百忍图》《文王访贤》《百仙求寿》。

闹二台　唢呐吹奏“水龙吟”或“将军令”，作为正式演出的前奏。

演正本戏　即开演剧目。

后找　加演一出折子戏，酬谢观众。

状元拜堂　即谢幕，由官扮小生和戴凤冠花旦出场，拜天地拜父母，对拜，最后向观众行礼。整个演出结束。

附三：安庆方言部分字词读音与普通话比较

安庆方言，是构成黄梅戏独特个性与风格的重要元素。随着黄梅戏逐渐被全国人民所接受，很多安庆方言的咬字，特别是一些拗口的方言字也被淘汰，或被普通话所替代。如安庆方言中“昂”与“安”韵母不分的字（强、党、阳、祥、江等）都唱成正规的普通话，效果也不错。有些字直接唱成普通话比方言好听，如普通话“树上的鸟儿”，比方言“须尚的鸟儿”更能流传。有些方言在唱腔与大小戏中还有一字多用的现象，如唱腔中的“我家住在”中的“家”就要唱成普通话的“家”才好听，但在道白中的“家来了”就要念成“嘎来着”等。但如果把演唱中的方言全部换成普通话，唱腔就会黯然失色。如“说话”的“说”应唱成方言中的xuě（雪）音，如果唱成纯普通话（shuō音），不仅没有味道，而且十分拗口。

安庆方言部分字词读音与普通话读音对照表

表1

字词	普通话读音	安庆方言读音	字词	普通话读音	安庆方言读音	字词	普通话读音	安庆方言读音
出	chū	qù	上	shàng	shàn	吃	chī	qī
乐	lè	luò	哥	gē	guō	何	hé	huǒ

续表1

字词	普通话读音	安庆方言读音	字词	普通话读音	安庆方言读音	字词	普通话读音	安庆方言读音
歌	gē	guō	嗟	jiē	jié	白	bái	bō
六	liù	lòu	河	hé	huǒ	露	lù	lòu
和	hé	huǒ	路	lù	lòu	堂	táng	tán
树	shù	xù	主	zhǔ	jǔ	个	gè	guò
角	jiǎo	guō	唐	táng	tán	桑	sāng	shān
如	rú	yú	谎	huǎng	huǎn	初	chū	còu
醋	cù	còu	郎	láng	lán	薄	báo	bò
村	cūn	céng	锄	chú	còu	宿	sù	sōu
书	shū	xū	祖	zǔ	zǒu	都	dū	dōu
颗	kē	kuò	诉	sù	sōu	毒	dú	dóu
素	sù	sōu	住	zhù	jù	奴	nú	nóu
药	yào	yō	读	dú	dóu	独	dú	dòu
度	dù	dòu	肚	dù	dǒu	长	chāng	chá
永	yǒng	yún	土	tǔ	tóu	双	shuāng	shuān
途	tú	tóu	学	xúe	xiáo	对	duì	děi
荡	dàng	dàn	说	shuō	xuě			
黄	huáng	huán	方	fāng	fān			

附四：清朝至民国时期石牌地区的戏曲班社

清朝至民国时期石牌地区戏曲班社一览表

表2

建班起讫时间	班社名称	班主姓名	建班地址	活动区域	主要成员	常演剧目	备注
康熙三十年（1691）至雍正十一年（1733）	程家班	程福香	怀宁石牌	以石牌为中心皖河两岸地区	张启刚（生） 李明波（生） 万枫瑜（旦） 何法明（旦） 吕根生（丑） 胡我发（丑）	《八仙寿》 《王婆骂鸡》 《仲卿别妻》 《观音送子》	该班由科班转为演出班社，老师有潘宝霞、张守义，为怀宁建班之始

续表2

建班起讫时间	班社名称	班主姓名	建班地址	活动区域	主要成员	常演剧目	备注
雍正十二年（1734）至乾隆四十年（1775）	程家班	李明波	怀宁石牌	石牌周边县乡	潘可胜（生） 陈秀青（生） 周玉芳（旦） 张扬玉（旦） 刘江和（丑） 孙　书（丑）	《英台自叹》 《胡延昌辞店》 《闹黄府》 《刘秀报马》	班主为程福香三子，因其过继舅父为嗣，故姓李
乾隆四十一年（1776）至道光十年（1830）	程家班	陈郁祥	怀宁石牌	怀宁望江潜山太湖四县集镇乡镇	程孝生（生） 姜　朗（生） 郝眉仙（旦） 向应伢（丑）	《九世同居》 《路　遇》 《游　春》 《送春茶》	班主系李明波弟子，继承师志，仍称程家班
道光十年（1830）至同治二年（1863）	程家班	小程福香	怀宁石牌	安庆府各邑村镇	汪天栋（生） 葛富送（生） 余金水（旦） 路发保（旦） 吕立生（净） 潘振旺（丑）	《天仙配》 《鸡血记》 《荷花记》 《湘子化斋》 《钓蛤蟆》	班主为陈郁祥爱徒、程福香曾孙，当时已演唱“多多腔”（怀腔）
道光二十年（1840）至咸丰九年（1859）	潘家班	潘明周	怀宁石牌	安庆府各县乡村	潘甲东（生） 张金发（旦） 戴月应（净） 王　五（生） 卢加和（丑）	《葵花井》 《凤凰记》 《血掌记》 《补背褡》	该班参加了石牌新城竣工演出
道光二十六年（1846）至同治二年（1863）	邱家班	邱木匠	怀宁石牌	怀宁太湖宿松望江等县乡村	王基田（生） 张述生（生） 查凤仙（旦） 张盛荣（丑）	《山伯访友》 《莲花庵》 《荷花记》	该班潘仁师组织参战队于咸丰三年（1853）帮助太平军攻打安庆城。后来以邱家班为基础组成“新城班”
咸丰元年（1851）至咸丰九年（1859）	刘家班	刘火伢	怀宁雷埠	怀宁桐城潜山庐江等县乡村	吕汉波（生） 万春裕（生） 冷旭松（旦） 薛喜雨（旦） 陈斗应（丑）	《花亭会》 《赶子图》 《西楼会》	该班伶工有的参加太平军活动

续表2

建班起讫时间	班社名称	班主姓名	建班地址	活动区域	主要成员	常演剧目	备注
咸丰五年（1855）至咸丰九年（1859）	新城班	潘仁师	怀宁石牌	怀宁县境内	潘甲东 阮刘生 刘火伢 王基田 查凤仙 万春裕 杨永田 陈斗应 李盛荣 潘贤阳 裴尚贾 产美玉	《双合镜》 《花亭会》 《送香茶》 《路　遇》 《钓蛤蟆》 《黄梅戏》 《长坂坡》 《挑滑车》 《霓虹车》 《华容道》 《贩马记》 《三娘教子》	该班实行徽剧与黄梅戏合演，历时5个年头。清军破新城后，潘仁师投皖河自尽，有伶工跟随英王陈玉成，撤离了石牌，流离到异乡
咸丰十一年（1861）至1927年	龙记班	潘龙记	怀宁石牌	望江新坝 雅滩太湖 新仓花园 潜山黄泥	向春玉（生） 钱朝旺（生） 彭玉池（旦） 伍火保（丑） 仰有伢（丑）	《荞麦记》 《小辞店》 《珍珠塔》 《乌金记》	
同治十三年（1874）至1917年	王家班	王幸松	怀宁石牌	怀宁乡村	王乐富（生、旦） 章双送（旦） 陈小泽（丑） 潘彦芒（生） 胡普伢（旦）	《珍珠塔》 《葡萄渡》 《打花魁》 《郭素贞自叹》	胡普伢是黄梅戏班社第一位坤旦
光绪二十二年（1896）至1916年	仁义社	产成义	怀宁石牌	安庆池州 芜湖等地	杨久和（生） 杨恒心（生） 潘贤梅（旦） 杨世忠（旦） 何天成（旦） 宁友和（净） 毕清发（丑）	《小辞店》 《苦媳妇自叹》 《金钗记》 《蓝桥汲水》 《打猪草》	黄梅戏大多以班主的姓或名字号班名，“仁义社”为怀宁黄梅戏冠班名之始
光绪十八年（1892）至1926年	王家班	王乐富	怀宁石牌	怀宁潜山 太湖望江 泗县池州	王乐富（生、旦） 徐根堂（生） 陈银发（旦） 王玉洲（生） 王的毛（生） 曾长寿（丑）	《山伯访友》 《小辞店》 《天仙配》 《二龙女》 《凤凰记》	新声黄梅戏剧团在此基础上创立

续表2

建班起讫时间	班社名称	班主姓名	建班地址	活动区域	主要成员	常演剧目	备注
1912—1944年	黄桥班	黄秀根	怀宁石牌	怀宁潜山望江及徽州池州各地	黄秀根（生） 黄秀青（旦） 黄旺荣（旦） 黄树桥（净） 黄翠荣（丑）	《珍珠塔》 《卖花记》 《花亭会》 《山伯访友》	该班1950年复班，团长为黄德华，1965年辍演。中共十一届三中全会后，恢复演出
1916—1936年	白家班	白云芳	怀宁石牌	石牌高河月山洪铺安庆市郊	张宣哲（生） 曹振祥（生） 王剑锋（生） 丁永泉（旦） 田德安（净） 张光荣（丑）	《山伯访友》 《珍珠塔》 《蔡花井》 《二龙山》 《纺线纱》 《三娘子》 《小放牛》	
1921—1924年	罐子窑科班	程容育	石牌罐子窑	怀宁县及周边县乡	汪芳弟（生） 汪芳举（生） 潘犹芝（旦） 何希甫（净） 何莫全（丑）	《花亭会》 《双合镜》 《珍珠塔》 《西楼会》	科班兼演出班
1923—1944年	仁义班	汪芳弟	石牌罐子窑	怀宁潜山英山霍山泗县乡村	程正地（生） 汪芳举（生） 何君玉（旦） 潘犹芝（旦）	《天仙配》 《卖花记》 《花针记》 《荷花记》	
1926—1942年	三友堂	潘犹芝	怀宁罐子窑	怀宁潜山太湖	程方满（生） 彭雨田（旦） 吴祚权（净） 朱先亭（丑） 丁永泉（旦） 丁翠霞（旦） 何　泰（旦）	《山伯访友》 《小辞店》 《绣鞋记》 《难民自叹》	该班1938年在石牌戏园售票演出，20世纪40年代怀宁县清乡队队长郑海澄强占戏园，开办京剧黄梅戏合演业务
1931—1938年	三桂班	贾三桂	怀宁腊树	怀宁潜山望江江西彭泽	贾三桂（生） 董宏德（生） 孙方荣（生） 郑　金（旦） 陈冬香（旦） 郝礼生（旦） 熊湾生（净） 韩少卿（丑） 胡普桥（净） 龙昆玉（旦） 檀凤瑞（生）	《珍珠塔》 《花亭会》 《山伯访友》 《桂花树》 《双结义》 《天仙配》 《鹦哥记》	

续表2

建班起讫时间	班社名称	班主姓名	建班地址	活动区域	主要成员	常演剧目	备注
1937—1948年	绍堂班	陈绍堂	怀宁石牌	怀宁 太湖 新仓 潜山 黄泥	陈树保（生） 董丹桂（生） 陈荷花（旦） 陈金枝（旦） 产运和（旦） 王干臣（净） 潘佐权（丑）	《送香茶》 《春香闹学》 《游 春》 《劝姑讨嫁》 《八仙庆寿》 《火焰山》	
1938—1942年	大众剧团	张国华	怀宁石牌	怀宁 潜山 太湖 望江 四县 乡村	张国华 张国珍 汪秀功 吴玉华 龙庆贞	《打菜台》 《补背褡》 《纺线纱》 《送夫当新四军》 《十恨日本兵》 《捉汉奸》	该团曾与宜塘班和刘保罗领导的抗日宣传队联合演出
1937—1949年	容岭班	陈丙应	怀宁腊树	怀宁 潜山 太湖	陈水根（生） 陈毛伢（生） 陈冬香（旦） 陈九送（净） 韩三毛（丑）	《锁阳记》 《乌金记》 《送香茶》 《春香闹学》 《送郎参军》	该班在郝家山参加抗日救亡活动，编演《送郎参军》
1940—1945年	宜塘班	张光友、郑海澄	怀宁石牌	石牌戏园	陈宝宏（生） 张桂珊（老生） 丁桂龙（武生） 周胜奎（老生） 赵翠英（旦） 陈金奎（净） 周佩义（丑） 丁永泉（旦） 郑绍周（旦） 桂月娥（旦） 潘泽海（旦） 丁翠霞（旦） 严凤英（旦） 郝季球（生） 韩家松（生） 王玉坤（生） 韩 三（丑） 胡印林 鲍金南	《长坂坡》 《古城会》 《水淹七军》 《空城计》 《破洪州》 《三娘教子》 《小辞店》 《山伯访友》 《珍珠塔》 《卖花记》 《二度梅》 《秦雪梅》 《合同记》	该班为京剧、黄梅戏都能演。严凤英在老师郑绍周指导下，在连台本《秦雪梅》中扮演秦雪梅，颇受欢迎

续表2

建班起讫时间	班社名称	班主姓名	建班地址	活动区域	主要成员	常演剧目	备注
1941—1943年	成香班	潘成香	怀宁石牌	怀宁望江两县乡村	刘盛才（生） 吴益寿（生） 郑绍周（旦） 杨瑞乐（旦） 唐小莲（旦） 韩少卿（丑） 杨运保 邹胜奎	《天莲配》 《天仙配》 《天河配》	1942年秋，该班在怀宁、望江两县交界的新坝演出，被国民党军队以唱花鼓淫戏的罪名押到怀宁县监狱，演员在牢里编出七场怀腔《天莲配》
1941—1945年	中洲班	潘责成	石牌中洲	怀宁望江太湖三县乡村	韩家松（生） 阮银枝（旦） 张朝伢（生） 胡竹松（净） 潘左权（丑）	《珍珠塔》 《小辞店》 《二龙山》 《荞麦记》 《小补缸》 《补　碗》	
1941—1948年	江家班	江有成	怀宁大洼	怀宁 太湖 潜山 岳西 湖北省 英山	江月明（生） 程刘印（生） 陈宗记（生、丑） 范结梅（旦） 何世勤（净、丑） 余小义（丑）	《莲花庵》 《罗裙记》 《吐绒记》 《花亭会》 《张朝宗告漕》	
1946—1949年	仁义班	刘盛杨	怀宁平山	安庆各县、皖南部分县	韩家松（生） 陈华轩（生） 刘盛杨（生） 程神明（旦） 产少春（旦） 何世勤（净、丑）	《小辞店》 《山伯访友》 《金钗记》 《采桑送茶》 《劝姑讨嫁》	
1947—1948年	仁义堂	郝季球	怀宁腊树	怀宁 望江 至德 东流 贵池	贾金堂（生） 王的毛（生） 陈水根（生） 王艳云（旦） 王干臣（净） 王正昌（丑）	《二龙山》 《山伯访友》 《乌金记》 《鹦哥记》	

附五：盔帽头饰名称

绣花软罗帽	绉缎改良纱帽	平龙番王盔
绉缎软罗帽	古龙周仓盔	四龙小额子
平龙夫子盔	帅盔	平龙帅盔
毗卢帽	古龙将巾	金相刁
马超盔	龙相刁	平天冠
紫金冠	绣花挡马扎巾	小狮子盔
九龙皇帽	猴用紫金冠	闯王盔
九龙冠	凤额子	打金枝凤冠
蝴蝶帽	七星额子	昭君盔
如意冠	老旦凤冠	二用老旦凤冠
改良渔婆罩	渔婆罩	乔其纱渔婆罩
霸王盔	越式点翠小生巾	女帅盔
神将帽	神将额子	硬鸭尾巾
例缨额子	蝴蝶凤冠	缎玉带
麻冠	绒玉带	改良纱帽
丝绒许仙巾	包角相刁	三凤凤冠
丝绒一把抓	五凤凤冠	绣花掌扇
水占加五凤冠	绒瓜皮帽	武生巾
软小和尚帽	十全占头面	加佛字和尚帽
八全占头面	金花加孔雀眼	全占头面
猪八戒面具	单占头面兰占	点翠改良相巾
马派相刁	大头娃娃	宫灯
华盖	观音斗	绣花龙扎巾
丝绒古装头	荷叶冠	纯阳巾
绒木兰盔	边凤	面牌
礼帽	绣花全虎头盔	大披巾

胜迹遗存

石牌历史悠久，新石器时期已有先民在此繁衍生息，出土的石器、陶器属商周时期薛家岗文化，距今5000～6000年。主要人文元素可以用“一二三四五六七八九十”概括：一座节孝牌坊，两处自然胜景，三座古镇木桥，四大戏曲剧场，五大老店商铺，六处古迹遗址，七大商业会馆，八座名人故居，九家宗祠，十座寺庙庵堂。

遗址

朱家嘴遗址

遗址位于石牌镇永固村朱屋组的山冈上，1985年怀宁县文物普查时被发现，2004年怀宁县对先秦遗址调查时复查，2009年第三次全国文物普查时再次复查。

遗址高约8米，面积约3万平方米，文化层厚约1米，现为居民区，为新石器时期文物遗存，属薛家岗文化。历次调查采集到的标本有鸭嘴形和三角形、锥形鼎足，罐口沿、罐底及腹片，凸弦纹陶片，夹砂红陶、泥质红陶、泥质灰陶，石钺、石刀。

鼎足 夹砂红陶，陶质松，火候低，侧面像鼻形，正面长圆形，素面。

罐口沿 泥质灰陶，侈口，圆唇，溜肩，素面。

豆盘 朱彩泥质红陶，圆唇，敛口。

器腹片 夹砂红陶，中起一圈长方形凸棱。

罐底 球腹，圈足，胎体较薄。

朱山嘴遗址出土的文物（2009年）
怀宁县档案馆 提供

邬家庄遗址出土的文物（2009年）
怀宁县档案馆 提供

石刀 灰色，器表保留部分打制痕迹，背脊微弧，双面刃，两面磨光，刃首方形，刃部微弧，长 11.6 厘米。

石钺 青色，大孔，双面钻，体薄，刃钝，磨制较细。

邬家庄遗址

遗址位于石牌镇邵塅村胡家墩，1984 年怀宁县文物普查时被发现并登记，2004 年怀宁县对先秦遗址调查时复查，2009 年第三次全国文物普查时再次复查。

遗址所处地带为一高岗地，西高东低，形状不规则，面积 1.15 万平方米。现为居民区，遗物暴露较多，有大量印纹硬陶片，可辨器形有罐口沿、罐底等，为商周时期文物遗存。

罐口沿 夹砂红陶，束颈，丰肩，双唇，肩下饰凹弦纹。

腹片 夹砂红陶，有凹弦纹数道。

仓盐墩遗址

遗址位于石牌镇保湖村陈家墩东 100 米、万全电排站南 400 米处，1985 年怀宁县文物普查时被发现，2004 年怀宁县对先秦遗址调查时复查，2009 年第三次全国文物普查时再次复查。

遗址所处地带为湖中长方形台地，高 1 ~ 2 米，形状不规则，面积 3600 平方米，文化层厚约 1.5 米，现为耕地。遗物有夹砂红陶片、夹砂灰陶片、印纹硬陶、夹砂白灰陶，纹饰为附加堆纹、绳纹，可辨器形有鼎足、罐口沿、鬲足等，为商周时期文物遗存。

鼎足 夹粗砂红褐陶，圆锥足，素面。

夹砂白灰陶① 圆锥形，残高 5.5 厘米。

鬲足 夹砂白灰陶，火候高，剖面呈椭圆形，足根上部饰绳纹，实足较高。

夹砂白灰陶② 圆锥形，足素面，根上部饰绳纹，实足高。

鬲口沿 夹砂灰褐陶，侈口，圆唇，斜直腹，饰绳纹。

甗腰 夹砂红褐陶，侈口，厚折沿，沿口以下饰竖绳纹。

夹砂灰褐陶 侈口，厚折沿，唇上有压印绳纹，通体饰细绳纹。

腹片 夹砂灰褐陶，直腹，上饰附加堆纹、按压窝纹一周。

夹砂白灰陶③ 腹微弧，通体绳纹，最大腹径处饰附加堆纹、绳纹一周。

石牌桥遗址 位于石牌皖河大桥北桥与中桥之间一高墩上，遗址呈长方形，东西宽，南北窄，面积 2 万多平方米，出土文物有石片、石核、砍砸器等。

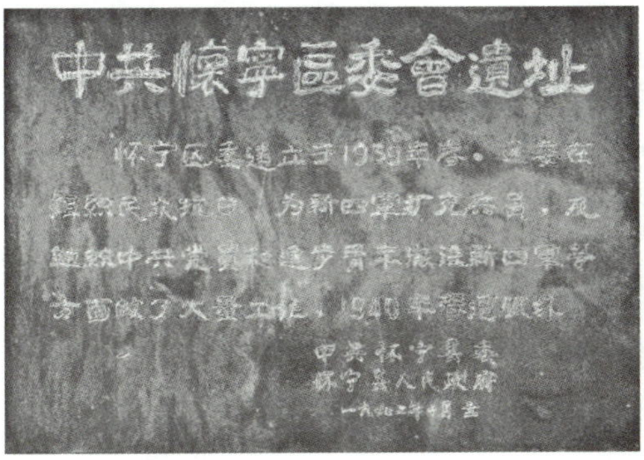

中共怀宁区委会遗址纪念碑（1995年）

怀宁县抗日动员委员会旧址纪念碑（2006年）

太平军石牌新城遗址 位于皖河北岸的猫山，为相连的四个丘岗，一条狭长的洼地纵贯南北，面积约 0.80 平方千米，现存两条宽 2 米、深 1.50 米的壕沟。

1985 年 12 月，怀宁县人民政府批准太平军新城遗址为县级文物保护单位。

中共怀宁区委会遗址 位于石牌镇新民街。1939 年春，中共怀宁区委在此成立，查化群任书记，郝晓辉任组织委员，吴传福任宣传委员。同年，国民党掀起第一次反共浪潮，怀宁区委组织大部分党员和进步青年撤往新四军江北指挥部，并在红庙建立地下交通站，进行党的联络活动。中共怀宁区委存在时间较短，但培养和造就了一批优秀的党员干部，引导一大批青年走上了革命道路。1992 年中共怀宁县委、怀宁县人民政府在中共怀宁区委会遗址立碑保护。

怀宁县抗日动员委员会旧址 怀宁县抗日动员委员会 1938 年 3 月在石牌姜网姜家花园（开明绅士姜树森府宅）成立，县长向廷瑞兼任主任，爱国知识分子丁柱中任副主任兼指导员。新中国成立后，姜家花园先后作为怀宁县人民委员会、怀宁县人民医院办公地。2006 年，怀宁县抗日动员委员会旧址纪念碑移至怀宁县实验小学校园内，作为爱国主义教育基地。

怀宁县人民政府旧址 位于石牌镇建新路 109 号，占地面积 2617 平方米，20 世纪 50—60 年代为怀宁县人民政府驻地，现为石牌镇人民政府办公地。

怀宁县人民政府旧址
（现为石牌镇政府办公大楼）（2016年）

中共怀宁县委员会旧址（20世纪80年代）

中共怀宁县委员会旧址 位于下石牌姜网，占地总面积 9221 平方米。20 世纪 50—90 年代为中共怀宁县委员会驻地。门楼为长方形，坐北朝南，东西长 19.70 米，南北宽 10.40 米，高 10 米，大门宽 3 米，墙厚 0.40 米。

宗祠

潘氏宗祠 位于石牌镇中街 10 号，始建于清康熙三十一年（1692），现存前进、天井和后进。整体建筑为“7”字形，坐东朝西，面积 746 平方米，前进南面有厢房 1 间，后进南面有厢房 2 间，厢房与宗祠之间有天井。

1939 年 4 月，国民党安徽省第九游击纵队开赴石牌，司令部设在潘氏宗祠。1947 年 6 月、7 月、9 月，皖西人民自卫军配合刘邓大军三纵队教导大队“三打石牌”，曾两次进驻潘氏宗祠召开会议，征集大量军需物资。1949 年 3 月 24 日，人民解放军皖西军区四区巢无独立团进驻石牌。翌日，在潘氏宗祠门前广场召开 3000 人大会，宣告石牌解放。

2008 年 8 月，怀宁县人民政府批准潘氏宗祠为县级文物保护单位。

汪氏宗祠 位于石牌镇万全村汪祠组，建于清咸丰三年（1853），占地面积600平方米，1930年汪玉山在此办学校，1952年改办农职学校，1961年改为粮站收购点，1971年拆除建皖河中学。

程氏四箴堂 始建于明洪武中期，坐落于六姑港（猫山附近），后遭兵毁。清雍正年间（1723—1735），重建于天津潭，祠开三门，堂号“四箴”。

“四箴”的文化内涵，源于北宋思想家、理学家、教育家程颐所撰的《程伊川四箴·视听言动》。石牌程氏乃程颐后代，为石牌望族。明洪武进士程子刚，明文衡江右监御史程亨，清代受朝廷御赏的族贤程从大、程师恭父子，京剧鼻祖程长庚，现代教育家、戏曲理论家程演生，均出自石牌地区四箴堂。

姜氏渭璜堂 元末兵燹，姜益友一脉七兄弟由鄱阳湖迁至怀宁，其中姜道润落户石牌。村落初名姜家村，后叫姜网村。村民亦农亦商，颇为殷实。明万历年间（1573—1620）渭璜堂始建，清同治十二年（1873）扩建，整栋建筑坐东朝西，共5进，缓缓上升。第五进位于姜网最高处，俗称“祠堂高”，青砖黑瓦，翘角飞檐，气势恢宏；祠内斗拱穿枋，朱柱红墙，雕梁画栋，壮丽威严。东面临河，与皖河贯通，建有码头，可直通后门。新中国成立后渭璜堂一度成为中共怀宁县委办公地。

潘氏宗祠（2017年）

寺庵 教堂

普净寺 坐落在石牌镇永固村，始建于1995年，1997年怀宁县政府批准开放。主殿面积1200平方米，附房面积3300平方米，供奉佛像30多尊，是怀宁县内规模最大的寺庙。

九华庵 相传九华庵是九华山寺庙群中的第一百座庙。地处龙王山余脉，背倚官山，面临祠港。始建于清道光八年（1828），原名九华庙，1931年重修，更名为九华庵。九华庵经历兵燹洗礼而香火不断，历久弥新。在庵内修行的住持有余、定、端、达、永、觉珍等高尼。1966—1976年，寺庙被封，寺内佛像被焚毁。1998年怀宁县人民政府、安庆市佛教协会批准重建。

九华庵重建后，占地面积3亩，有居士若干人。建大雄宝殿、观音殿、地藏王殿、三太子殿、觉珍偏殿，殿内供各种佛像36尊，有客房、寮房各10余间。

普净寺（2017年）

九华庵（2017年）

迦勒堂 位于石牌镇皖河大道157号，2003年批准建立，占地面积168平方米，是怀宁县第一个获批准的基督教堂。

伯大尼教堂 建于2003年，占地面积1300平方米，怀宁县宗教事务局批准建设项目名称为“怀宁县同福村基督教聚会点”，负责人程金秀曾在安徽省神学院基督教义工班进修，为基督教正式义工。

墓葬

程子刚墓 位于上石牌鲇鱼头，坐南朝北，占地面积58平方米。石牌地区盛传程子刚墓位置好，有歌谣曰：“上山的凤，下山的龟，兜嘴的鲇，鹞鹰的嘴。”墓地有程子刚夫妻墓各一座，两墓紧相连，用糯米浆和石子浇筑而成，封土呈斗笠状。旧墓碑年久已损。现墓碑于1987年重立。

程子刚生于元元统元年（1333），明洪武九年（1376）中进士，官至户部主事。

官山墓群 位于石牌镇窖银嘴，地势较高，总面积约20万平方米，散布着无封土堆的东晋南朝土坑墓和汉唐宋砖室墓，上层叠压着明清墓葬。早年出土鸡首壶、青釉壶、铜镜等唐宋时期文物20余件，还有陶盘、陶罐等长江流域六朝时期典型器物。1985年怀宁县文物普查时被发现并登记。

卢军烈士墓 位于猫山社区西800米处，墓地坐东朝西，面积9.53平方米。墓碑高125厘米，宽70厘米，厚11厘米，中刻“卢军烈士墓”，2000年6月9日被怀宁县人民政府确定为县级文物保护单位。

1998年7月2日，卢军在石牌中洲街皖河抢救落水儿童时牺牲。

文物

汪顺和老店铺 位于石牌镇后街8号，1946年由商人汪焕昌所建，取名为“汪顺和杂货铺”，店铺为长方形，占地面积82.62平方米，坐东朝西，为临街老门面，共有两层，上层为木制阁楼，下为店铺，东为天井，为怀宁县不可移动文物。

王灵官戏神石匾 清嘉庆年间（1796—1820），石牌始建王灵官庙，庙里供奉的王灵官祖师，即梨园子弟敬奉的戏神，清光绪八年（1882）被冲毁，光绪九年（1883）重建，光绪二十七年（1901）又遭洪水冲毁。石牌镇盛家园盛甫家收藏有王灵官庙石匾，匾文楷书阳刻“灵官殿”三个大字。

民间艺术

石牌历史悠久，民间艺术积淀深厚。民歌小调优美动听，生活气息醇厚浓郁，方言俚语朗朗上口，灯会游艺绚丽多彩，形式生动质朴，内涵刚健清新，既是石牌人智慧的结晶，也是石牌人精神的寄托。

民歌

石牌地区的民歌，可分为山歌、小调、号子、儿歌，最为流行的是山歌、小调。山歌有情歌、茶歌、秧歌、打柴歌；小调有八段锦、四平调、花鼓；号子曲调简单无定型，有打夯号子、打硪号子、车水号子、放排号子；儿歌内容生动形象，语音朗朗上口，极富童真童趣。

号子

打硪歌

大家要注意，
小硪（子）要飞起，
专往松处打，
专往高处压。
一人不用劲，
小硪（子）歪歪倒。
二人不用劲，
小硪（子）要砸脚。
三人不用劲，
小硪（子）重千斤。
四人不用劲，
小硪（子）生了根。

山歌

打鱼

吃过中饭下长河，
郎背丝网妹背篓。
郎背丝网前面打，
妹背篓来后头摸。
后头摸，
摸到鱼来就好着。

小调

洗菜薹

妹在河里洗菜薹，
郎在上游撑竹排。
一篙子撑下来，
唉子哟，
一篙子撑下来。
郎用篙子打妹的水，
妹把身子筛一筛。
打湿了绣花鞋，
唉子哟，
打湿了绣花鞋。
你要菜薹拿一把，
要娶奴家派媒来。
快快派媒来，
唉子哟，
快快派媒来。

儿歌

细麻雀

细麻雀，
钻草堆，
爹爹打，
奶奶煨。
爹爹吃的肉，
奶奶喝的汤，
儿子啃骨头，
媳妇闻闻香。

传统工艺

造型生动的剪纸，工艺精致的绣花，一件件杰作彰显“高手在民间”。怀书大鼓雅俗共赏，十番锣鼓热烈激荡，这些艺术形式演绎着石牌人对美好生活的追求。

剪纸　民间一般佩戴用各色丝织品剪成的小幡，祈求春神眷顾，祈祷丰收年景。

明清时期，每逢新年，人们用乌金纸剪成草、虫、蝴蝶，称为“闹蛾”，戴在头上，烘托节日气氛。清代以来，剪纸非常普及，品种繁多，工艺精巧，名家辈出，从民俗上

丁满生在剪纸（2010年）

石牌挑花（2015年）

升到艺术。逢年过节、婚嫁丧葬，都少不了剪纸。

石牌民间艺人丁满生以剪代笔，创作出许多精美的剪纸作品，曾在省市报刊上发表，有《元旦乐》《玉兔迎春》、连环画《一举两得》《黔驴技穷》等300余幅、套。

挑花 石牌民间挑花由来已久，长盛不衰，图案除了花鸟虫鱼外，内容多寄托祝福与愿景，如“龙凤呈祥”“福寿双全”“长命富贵”“五子登科”“金玉满堂”“步步高升”“家和万事兴”等。

挑花集实用性与艺术性于一体。妇女的头巾、围裙、手帕，儿童的鞋帽、衣衫、胸兜，男子的荷包、烟袋、披肩，家用的帐沿、桌围、镜搭等，在工艺上多采用白描手法，有挑花、铺花、十字花、游花等针法，色彩设计为单色底面、单色线描，也有一些枕头、围兜、荷包、汗巾用彩线描绘。

1988年6月，石牌“民间挑花”精品在省城合肥的安徽画廊展出。1991年，《怀宁民间挑花》由《安徽美术丛刊》编印成书出版。1999年，国家邮政局发行一套四枚的“怀宁民间挑花”企业贺年金卡明信片，主题分别是“龙凤呈祥”帐沿、“天长地久”枕花、“长命百岁”背褡和围嘴、“福寿双全”镜搭。上海科教电影制片厂拍摄的《庐阳花布与民间挑花》科教片中，有关民间挑花的人物、事件和工艺品，均由石牌提供。

绣花 绣花与挑花是孪生姐妹，绣花全部采用彩色丝线，其工艺水平的高低，全体现在花色是否艳丽、针脚是否匀称上。在石牌老街，随处可见精美的绣花鞋、虎头鞋、绣花睡枕等。睡枕上常为“喜鹊登枝”“凤戏牡丹”“孔雀开屏”“百鸟朝凤”等图案，

民间艺人做“虎头鞋”（2015年）

桌面上常为“龙凤呈祥”图案。这些图案画面大，难度高，往往需要绣花高手操作，方能精巧雅致。

民间娱乐

大鼓书　民国时期又叫“怀宁大鼓”（说书），除了当地艺人说书外，常有望江艺人到石牌说唱。20 世纪 80 年代以前，乡村中盲人大多学“怀宁大鼓书”，每逢老人去世，都要请他们整夜说书。

清咸丰中期的宜丰楼茶馆老板张宏联为招徕顾客，特设说书场所，听客多是市民和外地商贾，坐唱的三桥陈家“怀书班”，红极一时。

大鼓书（2015年）

十番锣鼓　十番锣鼓是集打击乐（大鼓、檀板、云锣、汤钹、小钹）和吹奏乐（笛、箫、唢呐）于一体，熔宫、商、角、徵、羽于一炉的综合演奏艺术，节奏明快，高潮迭起，乡土气息浓厚。

莲花落　莲花落系一人手执牙板（或竹板），随口而歌，旁边众人和，俗称“拉莲花落”。原为乞丐到人家门前唱些恭维祝福之词，以求人家施舍，后来逐渐发展为单人演出或双人演出的快板书，成为石牌地区特有的曲艺演出形式。

舞龙　舞龙是春节玩灯活动。龙灯分为青、黄二色，一种为篾扎纸糊，内点蜡烛，只能慢舞，被称作“懒龙”；一种是布扪的，全身彩绘，长10余米，10余人举起舞动，斗折蛇行，盘旋翻滚，被称作“舞龙”；还有一种以稻草捆扎成龙形，下置3根木棍，全身遍插火香，3人背靠背站立，手举木棍，盘旋起舞，在黑夜中观看，点点香火，组成一条火龙，上下翻腾，光灿耀眼，被称作“草把龙”。

舞狮　石牌在喜庆节日有舞狮的风俗。舞狮有两个鲜明特点：引球人与舞狮者的功底都很深厚，表演起来威武雄壮、气势磅礴；狮子小巧玲珑，舞得灵活，腾挪蹦跳，惹人喜爱。

舞马　舞马又称“五马”，是石牌地区特有的游艺节目。表演者分别扮演关公、张飞、赵云、马超、黄忠五员虎将，身披铠甲，跨骑色彩不同的竹扎战马，随锣鼓穿梭奔

舞龙（2018年）

打连厢（2015年）

走，边舞边唱，表演“五马破曹”。

旱船 又名“彩船”“采莲船”。船用竹扎成，有舷无底，船身彩绘，四角缀以彩珠花卉。表演时，一女子站于船中，手握船舷，将船提起，男扮艄公，手持船桨，锣鼓声中，船中女子随着艄公划船的动作娉婷云步，恰似碧波荡漾，小船随波逐浪，轻歌曼舞，变化万千，演唱以民间小调为主，锣鼓伴奏。

赶犟驴 赶犟驴是北方的一种民间艺术形式，明末清初传到石牌地区，系表现小两口“赶庙会”（或回娘家）的双人舞。表演时将驴头和驴身绑在演员腰部，拉动缰绳，驴头可以上下左右摆动。骑驴的人扮新媳妇，拉驴的人扮青年小伙子，随着锣鼓点表演，犟驴在表演上山、下坡、过河、跳沟动作时充分表现倔强特性，栩栩如生。

打连厢 盛行于石牌及周边地区。连厢制作方法：取3尺长竹竿一根，两端各开5寸长缺口，内以铁钉固定并嵌入多枚铜钱，再饰以红穗，摇起来哗哗作响。表演时，以连厢敲打人的手、脚、背等关节部位，发出有节奏感的音响，有四击、六击、八击、十击、十二击等多种打法，再配以锣鼓和民歌小调，且歌且舞，生动活泼。

踩高跷 为石牌地区的最精技艺，双腿拐高8尺至1丈（1丈≈3.33米），少数高1丈2尺，所演故事较为广泛，常见的有“唐僧取经”，唐僧双手合十，难度最大；“悟空翻筋斗”，须做些猴的动作；“太白观画”，须做醉态、辨认难姿态，技最熟者能突然身向后倾，摇头做欲吐状；“贵妃醉酒”，突出女性的娇、憨、美；“八仙过海”，唱道情，以锣鼓配合；“翻天蜃”在高空做蚌壳精亮扇、渔人撒网等动作，有的甚至退步倒行，保护人不离左右。最为惊险的为高空舞狮，两人套一张狮皮，动作配合稍一失当，两人即会同时倾倒，观众为之咋舌，民间有谚语说：“踩高跷舞狮子——险极了！”

推车赶会 此为石牌地区灯会中常见的演艺节目。由一人扮青年女子，戴头饰，梳髻，吊耳环，下系彩裙，穿绣鞋，一人短衣草帽，挂须，双手持绘有车轮的方布，左右夹住青年女子，在车驾前后挪荡。女子唱小调、黄梅戏或道腔，并以锣鼓配合表演，推车赶会的场景热闹非凡。

翻天蜃 俗名“夹蚌壳”，男女青年一扮渔翁，一扮“蚌精”。女妆敷粉，梳辫，着彩衣裤，双手持纸扎大蚌口沿，蚌糊黑纸，能启闭，渔翁短髭破帽，系草腰带，穿草鞋，双手举网，表演网蚌动作，以锣与小钹击节伴舞，极其诙谐。

猜灯谜 石牌镇汪长才几十年潜心学习研究灯谜，先后在《中华谜报》《安庆日报》《新民晚报》《燕赵晚报》等50多家报刊发表谜作千余则、谜评文章数十篇，有百余条谜作编入《中国谜语库》《中华谜语大全》等大型灯谜工具书。1997年由汪长才主编的《安庆谜苑》创刊号被评为“全国十佳谜刊”，2000年《长才谜踪》被评为“全国十佳谜书”，国家图书馆称该书“丰富了国家图书馆的馆藏，为读者提供了新的知识信息”。

风土民情

千百年来，石牌人爱攻书，好研艺，乐农桑，勤耕织，喜船事，善商贾，巧经营，讲时尚，彰礼仪。

石牌，土壤肥沃，雨水充沛，物产丰富。麻塘湖鲫鱼、石牌芹菜芽、山药、皖河黑猪、水萩粑、粉蒸肉、什锦菜、康乐菜等土特名产，秉承千年制作工艺的龙凤贡面、顶雪贡糕，给人以独特的味觉享受和文化意蕴。

礼仪家风

读书 俗谚:“三代不读书，不如牛马猪。”旧时石牌地区不论生活贫富，皆注重读书。宁可卖田卖地、典当家物，也要供孩子上学，将希望寄托于下一代身上，不少人家门头上都挂有“文章造化”“耕读传家”匾额。

读书子弟多不负家长厚望，以“黑发不知勤学早，白首方悔读书迟”自勉，刻苦发奋，以报答先生教诲与父母养育之恩。旧俗极为敬重孔子，书香人家挂有孔子画像，镇上建有孔庙。农历初一、十五，教官、诸生谒先师庙。春秋祭孔，教官组织诸生向孔子行释奠礼。私塾学规，入学初，向孔子牌位行跪拜礼。宗祠、祖堂轩正中，均立“天地君亲师”牌位。读书人不乱扔字纸，恐亵渎了孔圣人，镇内旧时设有“惜字亭”。旧时蒙馆学童每逢春节、端午节、中秋节都要给塾师送礼，春节送糖糕，端午节送绿豆糕、麦粑，中秋节送月饼。农历初一、十五，须向塾师送上两个鸡蛋或两块豆腐，算是“小茶”，这一习俗沿袭到新中国成立。

学艺 俗谚:“荒年饿不死手艺人。”石牌地区的人们一直重视学艺。

一日为师，终身为父。民间确有许多好师傅，毫不保留地悉心传艺，徒弟则听从师训，刻苦钻研，虚心求教，演绎了不少师徒情谊深厚的感人佳话。但也有少数师傅把徒弟当成“摇钱树”“苦力工”，不肯传授独到技艺，以致民间也有“求师不如访友，学艺不如偷艺”之说。“三百六十行，行行出状元”，不少人靠勤钻苦练终成大器。传艺多是父子兄弟、亲戚朋友间，或同族同乡间，一些特殊技艺，传艺者只把技艺传给儿子或媳妇，不传女儿，以防外传，很多技艺因此失传。

尊老 石牌地区崇礼法，尚节义，敬祖尊老。

石牌人称五十为半百老人，六十花甲，七十古稀，八十耄耋……年岁越长，越受到家人、乡邻和社会的普遍尊重。

同族之人平时按辈分长幼称呼，也有“辈大不如岁大”之说。老人进入花甲之年，凡过生日，晚辈都会给老人买生日礼物，如寿糕寿面，祝福老人长寿。习惯按虚龄计算年龄，如60大寿庆典在59虚岁生日举行，叫“做九不做十”。

养老送终是为人子女的最大义务，儿孙须恪守孝道，赡养老人，让老人颐养天年。旧时认为老人临终时若无子女在身边，是终生憾事，故做子女的无论身在何方，接到老人生命垂危的消息，都要立即赶回，尽孝子之道。

正月有设“春饮”的习俗，专门宴请长者。在日常生活中，青年人遇事要多向老年人请教。俗谚云：“若要好，问三老，三老不出声，还要问几声。”

敬客 石牌自古乡情浓郁，人们讲究礼尚往来，殷勤待客。邻里、同事、亲朋或工匠上门，笑脸相迎，敬茶敬烟，热情款待。

送礼是人际往来中的一项重要活动。春节、端午、中秋“三节”送礼是习规惯例。凡女婿、外甥、学童、学徒，须上岳父母家、舅舅家、塾师家和师傅家拜年。亲友家小孩出生，由家庭主妇上门送“月子礼”，姑娘出嫁要送“劝嫁礼”，男孩结婚要送“结婚礼”，老年人寿诞要送“寿礼”，老人去世要“烧香”。男女到36虚岁时要送“三十六”。建造新房“上梁”“进屋”要“挂红”。受礼者盛情招待，有时还要“回礼”，方才“过意”。

亲友之间送礼有规矩。逢喜庆之事，亲戚要先送礼，主人才下请帖；本家要主人先报喜，下了请帖才送礼。俗谚讲：“亲戚不送不接，本家不接不送。”

宴席 石牌地区传统宴席，礼规众多。设席、坐席、上菜、饮酒、用饭、散席都有一套非常讲究的礼规。宴席置“六盘九碗”。鸡、鱼、肉“三牲”必备，再配以圆子、粉丝和豆类制品等。

农村宴客一般在堂轩摆席，红白喜事则上祖堂轩摆席。一桌坐8人或10人。席位的设置有两种：一种叫“朝端席”，用于喜庆酒宴。设席时桌缝横对大门，面朝大门的一方为首席。另一种是普通席，又叫“苏端席”，用于非喜庆酒宴。设席时桌缝直对大门。进门靠右方上首为一席。婚丧寿诞等大型宴席，数桌同开，桌席有主次之分。一般以位于中堂最上方的一桌为首桌。坐席时人们喜欢拉席，相互谦让。即便是被宴请的主客，也会推辞一番才落座。在来客不分主次的宴请或桌席上，客人们会主动依据年龄、身份及与主人的亲疏关系等拉席让座，体现长幼有序、亲疏有别、宾主有秩的传统古风。

喜庆酒宴分两道，第一道是茶点，第二道才是正式酒宴。丧葬酒席则不用茶点。酒席上菜也很讲究，第一道是鸡，“无鸡不成席”，中间上鱼，鱼头对着上席，寓“鱼上水”之意。最后上圆子，寓“圆满”之意。主菜上齐后，主人依次敬酒，叫“周席”，或称“酬席”。周席之时全桌人站起道谢。如果是丧席，孝子则着孝服挨桌依次向吊丧者跪谢。席间头几杯酒须执酒壶者和陪客者先请，恰如谚说“东不请，客不饮”。宴席上一般都极力劝酒，觥筹交错，你来我往，尽欢方休。席间先吃毕放碗者起立举筷，遍告同席人“慢慢吃（用）”，而陪客者须待客人吃毕才能放下碗筷。

婚嫁

石牌地区旧式婚姻，依父母之命，媒妁之言，仪式烦琐。一般经过托媒、订婚、完婚三个步骤。

托媒 “天上无云不下雨，地下无媒不成婚”，极言媒人在婚事中的重要。男方看中某家之女，即托人做媒，女家应允就将女儿的生辰八字告诉媒人，男方请算命先生掐算男女双方是否相合，相合则请媒人到女方家正式议婚。媒人乐于成人之美，俗话说：“做个红媒寿十岁。”

订婚 按议定的条件，男方送聘礼和庚帖到女方，并接女方看家，了解男方相貌和家境。如女方表示满意，双方婚姻关系就基本确定，由男方承办订婚酒宴，择定良辰吉日，举行完婚庆典。男方用红柬八封送至女方，称“八封长柬”。

完婚 到了良辰吉日，男方家将肉、鱼、鸡、糖、糕点、果品和“开脸”“穿衣”的喜钱，送到女方家，叫“打礼”。礼品贴上红喜字或用红纸直接包封，装礼品的箩筐叫“喜箩”，也贴上喜字。女方家早餐置酒席招待新郎、迎亲者及贺喜的亲友。饭后新郎先回家，新娘开始梳洗打扮，准备起程。嫁衣须站在铺篮里穿，表示不带走娘家一点土。穿好嫁衣，新娘拜别家人，母亲、嫂子要痛哭送行，叫“哭嫁”。“哭嫁”哭得越厉害越吉利。哭嫁之后，新娘由兄长背到门外上花轿。送亲时，嫁妆在前，花轿居中，送亲者由媒人陪同在后。

花轿行至男方家，须“兜水上”，入村口，鞭炮齐鸣。花轿落下，由两个有福（公公、婆婆、丈夫、儿子、女儿齐全）的妇女搀扶新娘进祖堂，新郎新娘开始拜堂。拜毕，童男童女拿布袋轮流铺在地上，新娘从布袋上走进新房，喻“传代”之意。新郎新娘坐在床上，吃染红的鸡蛋，叫“坐帐”，亦叫“圆房”。男方家大宴宾客，新娘的兄长坐首席（俗称“呆舅子”）。宴后，青年男女闹新房。待亲友散去，由两位长辈点燃龙凤花烛，礼赞一番，退出洞房。新人入寝后，婆母、姑嫂往往还要“听房”。次日凌晨，新郎上岳父家接岳父和叔伯到家做客。婚后第三天，新郎陪同新娘回娘家，叫“三朝回门”，并接女方家人到家做客。回门之后，婚礼即告结束，新娘开始各种日常活动，正所谓俗话说的“三朝分大小”。

新中国成立后，提倡新事新办，婚庆公司主持婚礼已成为新时尚，简朴大方，热烈隆重。

丧葬 旧时，石牌地区丧事料理过程十分烦琐。成年人自然死亡，在祖堂专设的房间殡殓。老人弥留之际，家人撤下床帐，给其穿“上路衣”，子孙环跪“送老”。然后将亡人安放在门板上，叫“摊灵板”，靠近亡人头顶处放一碗半生不熟的饭，饭上放两个熟蛋，插三支筷子，叫“倒头饭”。同时遣人讣告亲友。亡人遗体沐浴后穿上“寿衣”“寿鞋”，择时入棺。寿衣用青色或黑色布缝制，上衣满襟，布条系结，寿鞋一般是软底布鞋。死者入棺后，设立灵堂，让亲友四邻吊唁。棺前供奉死者灵牌，年届花甲者，灵牌红色，上方折角，未满花甲者，灵牌白色，不折角。棺下置“本命灯”。守灵通宵达旦，清晨出殡。先将棺木厝起来，在棺木外用砖瓦砌一个仅能容纳棺木的小屋，叫“丘基”。出殡后第三天，丧家到丘基前烧纸焚香，叫作“福（覆）山”。老人自死亡之日至四十九天，每隔七天一祭，俗称“荫七”或“应七”，直至“七七”（也叫“圆七”“满七”）之后，丧事告毕。

“丘基”厝三年或三年以上才安葬。安葬之日启土开圹，在圹内烧芝麻秸，叫“暖井”，移棺入圹，名为“下祀”，用拌匀的石灰黏土筑实成冢后“呼龙”，“呼龙”均为吉利话，祈求保佑子孙兴旺发达。最后在墓前立碑为志。

2015 年 1 月起，石牌镇实行殡葬改革，取消棺葬，一律火葬。

宗族 石牌人宗族观念强，同姓同宗，聚族而居。各姓设有祠堂，选有户尊。户尊是一族之长，主持宗族公务。对族内读书刻苦、成绩优异、因家贫不能继续学业者，宗族即代其支付学费和生活费用，直至其完成学业。表彰义举、善举，以及“贞妇”“节妇”“烈女”，严惩品行不端之人。有伤“风化”者，轻则受到鞭打，重则处死，不肖子弟不许入宗谱。

同族之人相互帮助，如受外族欺侮，宗族为其讨还公道，旧时常因此造成两姓械斗。族人辱没宗族，即便是高官显贵，死后亦难归宗。

行规俚俗

耕稼 新中国成立前，尽管占半数以上的农民无地或少地，但百姓依然信奉“三十六行，庄稼为上”“土里求财”，重农耕，乐田桑，男耕女织度时光。

农家非常看重六畜和农作物，给六畜、农作物以生日。农历正月初一至初六，依次为鸡、犬、羊、猪、牛、马生日，初八至初十依次是水稻、油菜、小麦生日。初七称“人日”，又称“上七日”。新年的第一项农事活动就是“上七日”下午放树汁，戳地蚕，驱毛狗。放树汁是用刀在乌桕树干上砍七刀，同时口中念道：“放树汁，树生疤；去年结籽少，今年结籽坠断丫。”戳地蚕意为消灭虫害，要拿火钳当杆子，在菜地四处戳七下，同时念道：“戳地蚕，蚕发瘟，一棵菜，十八斤。”驱毛狗意为驱逐偷食家禽的害兽，举行这项活动时，全村庄青少年成群结队，敲锣打鼓，鸣放鞭炮，一边喊“毛狗偷鸡啦”，一边吆喝着向山野水边驱赶而去，声势浩大。

农家重视运用时令、物候安排农事，并积累了十分有益的经验，总结出了许多谚谣，如《九九农事谣》云：“一九二九，上粪培土；三九四九，兴修铺路；五九六九，捏包换壁土；七九八九，培埂清沟；九九加一九，耕牛遍地走。”说浸种播谷：“二月清明莫上前，三月清明莫退后。”说插秧：“立夏插田家把家（家把家系方言，指个别人家），小满插田遍天下”（早稻）；“芒种走到夏至边，打火把插夜田”（迟稻）；“六月秋，插不休；七月秋，早早丢”（晚稻）。说种植棉花、麦类、豆类、油料、蔬菜等作物：“清明前后，种瓜点豆”，“谷雨前，种早棉”，“春社种苦荞，秋社种花荞”，“芒种忙收种”，“头伏芝麻二伏豆，三伏还可种绿豆”，“处暑萝卜白露菜”，“九油十麦”（九月种油菜，十月种小麦）。讲果树收获，则有“四月早杏，五月枇杷，六七月桃梨，八月山楂，九月茅栗笑哈哈”。

正月农民不下地干活，只做农事准备。农历二月初二开始下田劳作。清明前后做秧田，秧长四五寸开始插田。每年第一次拔秧插田极为隆重，当日清晨插秧者吃糖水糯米圆，喝插田酒。下田之前先放鞭炮祭神，田主下田拔第一把秧“开秧门”。由于插秧须抢农时，农户经常采取换工形式相互帮插。插秧高手受到尊敬，称为“秧先生”，吃饭坐首席，第一个下田，插第一趟秧（一趟 5 行），有时还应众人要求表演“打趟子”（即不论弯田直田，信手插去都能横竖成行）。插秧者喜欢比赛，若后下田的人将先下田的人关在田里，叫插“关门秧”，先下田的人就算输了。当天拔的秧必须当天插完，不留过夜，叫“不插隔夜秧”。插秧者只要下了田，就必须插完那块田才能收工，叫“不插破田”。插田时有人专门送秧打秧，打秧者不能把秧抛到插秧者的头部或上身，否则会“打矮了人的火焰”，是倒霉的事。插秧者边插秧边唱歌，唱得越热闹越痛快越好，俗语云:“插田不唱歌，蛤蟆吃稻棵。”插秧时做稻芽粑馈送亲友，叫“吃青”，待新米出来又做新米粑送人尝新，叫“吃黄”。

稻谷入仓和收藏种谷时不能大声说话，怕被老鼠发觉。堆草日中午吃糯米饭，表示草堆黏结不散。谷仓里的蛇被视为“守仓龙”，不加伤害。

教牛 石牌地区习惯称生产用牛为“耕牛”“力牛”，对其精心护养，倍加珍爱，并形成一套喂养、役使的传统习惯。

耕牛多由喂养的小牛犊驯导而成。对脱离喂奶期的小牛首先用笼头套系，略加管束，待约长到一岁半时，便开始穿牛鼻，请来有经验的老农，用特制的针索穿通牛犊两鼻孔之间的隔肉，抹以锅烟灰消炎敷伤，待到穿孔的伤口愈合，再给牛鼻桊系上绳索拴住牛鼻，以利牧童“牵着牛鼻子”行走放牧，更利于日后耕作时役使。

牛犊长到两周岁时，主人即教其学习犁田耕地，俗称“教（方言音‘告’）牛”，又叫“学驾轭”。第一次教牛习惯选在“春社日”（立春后的第五个戊日）凌晨 5 点以前，趁人们尚未起床，路上空无行人时。此时天气转暖，春耕在即，牛犊学会犁田正好有了“用武之地”。

教牛要在土质疏松、便于耕作的田地上进行。连续教 3 天，一般小牛就学会了犁耕。特别是第一天教牛，要请上 3 个耕田的老把式上阵。一人扶犁执鞭掌耕，另外两人分站牛头两侧，牵牛绳，驾牛轭，各执竹棍树条，随时校正小牛的耕作步伐，不使其发野、抬头、乱视、耍泼或停步不前。扶犁者发出“吁——”的口令，表示犁地开始。三人驱使小牛用力拉犁，步踏耕道，使其熟悉每一耕作程序中的内容要点。呼喊口令由扶犁人发出，给牛护驾的两人根据口令，及时纠正牛犊慌乱的步伐和走错的方向，带动牛鼻绳提醒或扬鞭示意。如此反复驯导，强化意识，小牛熟悉口令，辨明声音和方向。经过三个早上的教习，然后又由一人扶犁执鞭在荒地里实习，进一步使其熟悉耕作要领，后可到田地里作业。开始驯牛必要时可采取一点严厉的措施。第一天耕作时间要比后两天稍长一些。小牛拉犁出汗后，还须强制操练一段时间，以加强其日后耕作的后劲。对于躺倒不干或坐地不起的懒牛犊，则施以鞭打，甚至采用“锥刺股”的办法“杀性子”，一次性制服。

师徒 旧时师傅授徒一般先由徒弟家长求师，师傅应允即办投师酒，写“投师纸”，正式拜师。学艺时间一般为三年。学艺期间，师傅供徒弟的伙食，徒弟工余之时给师傅做家务与农活。

“师徒如父子”，徒弟平时要小心伺候师傅，给师傅打用水、洗烟筒、盛饭、倒便壶等，对师傅的打骂，不能还手还口。逢年过节或师傅家有红白大事，均要送礼。满师之后，有的还要在师傅家做一年工方才单独开业。

商规 新中国成立前，从商者家家供奉财神，每月定时祭拜，生意清淡时也要敬拜祈财。农历正月初五是“财神日”，祭拜仪式最为隆重。

商店大多在农历正月初四开张做生意，也有到初七开张的，用好烟好茶热情招待第一批顾客，然后用特别优惠的价格做成一两笔生意就关门。开张日只下两块门板，以后每天下一块，最后一块一般留到农历二月初二才下。

正月初七是辞工日，老板置酒席招待伙计。席间老板亲自敬酒以确定伙计的去留，被批评者可留用，被恭维者则被辞退。伙计最怕老板说“小店生意不好，另请高就”。但商店一般不轻易辞退伙计，除非生意过于惨淡，或者该伙计品行不端。

商店每年“三节”（春节、端午节、中秋节）加餐，每月四犒，即逢初一、初八、十五、二十三，招待每人200克猪肉，不吃肉者每月发给500克肉钱，平时一般菜饭。由于生活清苦，店员戏称吃肉为“打牙祭”。

店员洗换被褥衣服或拿行李包出店门，都要亮开给大家看，在店内购东西，必须隔手叫别人拿货收钱。

学徒也称“学乖”“学生”。三年满师，三年内管吃无工资，不能回家。剃光头，衣不留袋，常年站在营业间青龙牌边，听从呼唤，多做家务活，只有待同事殷勤、尊敬，自己诚实、机灵，才能学到本领。

雇工的店铺，伙计在店中吃住。每年腊月二十四收工，第二年正月初五上工。夏季每人发草帽1顶、手巾1条、芭蕉扇1把，冬季有的店铺还发给每人一个土陶手炉（俗名火球）。

每个行业都有自己供奉的祖师，每年要做“祖师会”，又叫“神会”。木匠、瓦匠、石匠尊奉鲁班为祖师，农历六月十二日做“鲁班会”。铁匠尊老子为祖师，农历二月十五日、十月十五日做“老君会”。“神会”的主要内容是祭拜祖师像或神位，由会友出钱，轮流主办。

建房子上主梁那天，主人要设宴招待木匠、瓦匠，叫“做神福”。铁匠给人打造棺材上的大铁环，给油坊打造油榨上的大尖头，主人也要为其“做神福”。

商店日常营业，对顾客礼貌热情，服务周到，对老主顾常施小惠。商界内部讲究信用，互通有无，结帮自保，极少互相拆台。新中国成立后，商店归国家和集体所有，商品价格由国家统一规定，按质议价。中共十一届三中全会后，个体商店重现市场，店主待客热情，守法经营。

船忌 石牌地区河道纵横，河湖相连，塘堰密布，野生水产资源丰富。新中国成立前，渔业水运颇为繁荣，沿河一带居民多靠此为生。水上生活常有覆舟之虞，故船民有许多忌讳。

在船上不能说“翻”“沉”等字，改用义同音异的字。忌说桅杆而称“将军柱”。船上器具忌用桑（谐音“丧”）树、槐（谐音“坏”）树制作。行动亦有禁忌，上船先动右脚，在船上不能靠桅杆坐缆桩，不能架腿，吃饭时筷子也不能架在碗上，因“架”预示船会搁浅。生活用语也有讲究，盛（谐音“沉”）饭叫装饭，“筷”（谐音“快”）子叫篙子。船遇河湾处，忌用撑篙捣别人的船头，若被捣，意味着一天不顺利。忌女人向水中大小便。女子上下船须走船舷，新娘子一般不上别人的船，女人坐月子更不能上别人的船。新中国成立前，货船忌带女性，客船上，女性则不能上船头。新中国成立后，这些禁忌逐渐消失。

祭船

石牌地区新船造好下水前，都要举行“祭船”仪式，也叫“关船头”。

祭船仪式非常热闹，木匠师傅在船头摆好香案，点上香，放鞭炮，斩雄鸡，洒美酒。向天、地、水龙王参拜。船头上披红挂彩，新船上贴有三副醒目的对联：船头一副是“龙头生金角，虎口露银牙”，船舱两边是“桅杆好似摇钱树，船舱恰如聚宝盆”，船艄上一副是“九曲三湾随舵转，五湖四海任你游”。

这一天，船东要办丰盛的酒席和送彩钱答谢木匠师傅。还要做米粑散给前来观看的乡亲。参拜完毕，领班的师傅就大喊祭船歌（即呼彩），每喊一句，其他的师傅与围观的群众就呼应一个“好”字。

祭船歌 袱以（传说是鲁班的大徒弟，被鲁班误杀），天地开张。东上一朵紫云起，西上一朵紫云来。两朵紫云来相会，鲁班先师下凡来。船梁船梁，听我言张。生在何处？长在何方？生在九龙之口，长在八宝山上。我今造你无别用，正是老板造船梁。龙头生金角，虎口露银牙。手捏金斧月里弯，贤东好比沈万三。手捏金斧钉金钉，金钉钉得响叮叮，左边钉的金银财宝，右边钉的财宝来临。手执贤东一只鸡，身穿锦袍五色衣。此鸡是凤凰，头高尾又长。头戴红风帽，身穿五色袍。此鸡不是凡间鸡，王母娘娘报晓鸡。一更二更不乱叫，三更四更不乱啼。五更来报晓，正是老板抛梁时。鸡祭船头，五湖四海任你游；鸡祭船中，老板开头遇顺风；鸡祭船艄，老板开头乐陶陶。手执贤东一把瓶，千两黄金巧打成。一打金狮来保驾，二打莲花托酒瓶。此酒何人造？杜康造酒到如今。酒府四喜哪四喜？一喜文官来拜相，二喜做屋又打船，三喜婚嫁又及第，四喜四季来发财。这杯喜酒满满斟，亲戚六眷上大人。满堂宾客七十四,一家和睦尔小生。一女生下八九子，个个都是佳作人。桅杆好似摇钱树，官舱好似聚宝盆。一日摇钱三尺厚，三日摇钱九尺深。前舱满，后舱存，老板舱舱装金银。九曲三湾随舵转，五湖四海任你游。宝货登舟生万利，贵客登舟遇顺风。生意生财生得福，顺风顺水顺人心。我今祝赞后，荣华富贵万万春。

衣食住行

服饰 清朝末期，石牌普通百姓穿满襟短上衣，抄腰裤，圆口布鞋，天暖时赤脚，走长途穿草鞋。官绅、商贾、读书人穿长衫长裤，冬季穿棉袍或皮袍、棉裤，上身外套穿马褂。民国时期，上层社会男子中流行中山装和西服，与长衫一起成为三大主要服装款式，足蹬皮鞋。妇女穿满襟上衣，抄腰裤，绣花鞋。未婚女子上衣长及膝盖，已婚女子上衣稍短。领口、袖口、襟边、下摆用不同颜色的布条镶边，叫“滚镶”。民国中后期，城镇女性流行穿旗袍、长袜、高跟皮鞋，女学生则上穿白衬衫，下配蓝色或黑色短裙，脚穿方口布鞋或皮鞋。

新中国成立之初，干部、工人、知识分子中流行穿军装、中山装、列宁装，戴解放帽，穿平底布鞋或解放鞋。一般家庭妇女穿对襟褂、长裤。二十世纪五六十年代，提倡艰苦朴素，服装颜色多为白、蓝、灰、黑，款式单一。1966—1976年，以穿草绿色军装、戴军帽为时髦。石牌青年受上海知青影响，流行过穿大褂子配小裤管裤子。80年代，服装款式更新频繁。西服、裙装、高跟鞋重现市场，新潮服装如喇叭裤、直筒裤、牛仔装、运动服、紧身衫、蝙蝠衫等花样翻新，深得青年人的喜爱。旗袍是不同年龄段女子喜爱的服饰，在平时的休闲生活中，或是在庄重的场合，许多女子都着旗袍。而中山装、夹克休闲装仍是中老年男性的主要服装款式。

居民十分注重正式场合的穿戴，一般都备有质地、款式、做工俱佳的衣服作为礼服。婴幼儿戴虎头帽或狗头帽，穿虎头鞋、狮头鞋，系虎头兜肚。婴儿衣服一律用棉布，且不缝边，这样不会损伤婴儿皮肤，叫“毛衽衣”。

首饰 妇女饰物有耳环、耳坠、戒指、项链、发钗和发簪等；儿童饰物有项圈、胸锁（又叫长命锁）、手镯和脚镯等；成年男子一般只佩戴戒指。首饰质地为金、银、铜；老年人喜佩玉饰。新中国成立前，妇女在正式场合除佩戴首饰外，还施以粉黛，平时家居也略施淡妆，但极少浓妆艳抹。新中国成立后很长一段时期内，女性化妆、佩戴首饰较少，改革开放后重新流行。

家居 新中国成立前，石牌地区居民重视住房建设。建新居前，请风水先生择基择时。门向一般朝南。如右前方有高建筑物，便认为不祥。民谚云：“左青龙，右白虎，不怕青龙高万丈，就怕白虎回头望。”动工时，屋基四角各放一枚钱币，才可兴建。安装大门时，门槛两边各放一枚钱币，据说这样可保子孙平安，家业兴旺。房子的正梁一般用香椿树为料（认为香椿树能避邪），正梁绘有“太极图”及两只头朝太极的凤凰，名“双凤朝阳”，表示吉祥。也有不少人家用结实、精巧的杉树做正梁。聚族而居的地方都设有祖堂，居家房屋分布在祖堂的两侧和后边，有巷道通祖堂。

新中国成立后，居民建房喜单家独院，一般为二层以上的楼房，不再设祖堂，老祖堂多圮坏。21世纪进入小康社会，人民生活富裕，乔迁新居，购买城市商品房，过上了幸福生活。

家具 家居陈设分坐处家具和内室家具两种。坐处家具一般是一张方桌和几把椅子（富家置有八仙桌、太师椅，穷者只有木桌、竹椅），贴墙安置一雕花茶几，上置艺术品或其他饰物，桌子紧靠长几安置。内室家具有木床、梳妆台、衣橱、箱子、椅子和方凳（骨牌凳）等。床面不朝北，不驮梁。若床脚不平，则垫以砖头或钱币。民国初时兴“挂面床”，有“单挂面”“双挂面”两种。双挂面床正面上方的花板有两层，上层五块，下层四块，花板上浮雕“麒麟送子”“八仙过海”“桃园结义”等历史传说故事，单挂面床上方的花板只有一层，由四块或五块小花板组成，其余与双挂面床同。

民国中后期时兴“苏州床”，分为“大苏州”“小苏州”两种。小苏州较普遍，苏州床正面用镂空花板装饰，大小苏州床的区别在于床正面两边的花板宽度。大苏州床的花板宽度一样，小苏州床花板的中间部分只有上下部分的一半宽。

中共十一届三中全会后，民众的家具陈设有显著的变化，家庭摆设讲究形式新颖美观。坐处家具有桌椅、挂钟、收录机、电视机、成对沙发，桌上铺有桌布。内室有高低床、三面橱、小圆桌、床头柜、高低橱、落地电风扇等。20 世纪末，空调、冰箱、电脑进入了寻常百姓家。

饮食 石牌地区主食为大米，副食有山芋、小麦、瓜、青菜、肉类。肉食主要有猪、鸡、鸭、鹅等禽畜和鱼、鳖、黄鳝等水产。旧时有“狗肉不上席”之说。青菜主要有白菜、萝卜、芹菜、黄瓜、茄子、韭菜、卷心菜、莴笋、菠菜、藕、豆角、苋菜、山药、辣椒及用以调味的葱、姜、蒜等。立冬后腌制腊货。

街头早点小吃有侉饼、油条、包子、油饼、糍糕、米粑、馍馍、麻团、水饺、馄饨、牛肉面等。一日吃三餐。家庭早餐较简单，一般煮汤饭、稀饭或炒干饭，几碟咸菜。午餐较丰盛，要煮新鲜饭，烧几道菜。晚餐简便，俗语“早上要吃饱，中午要吃好，晚上要吃少”。

出行 清末、民国时期，民众多恋乡土，很少出远门。读书人赶路，商人出门经商，必须选择吉日启程。多数都是肩背包裹，手持雨伞，徒步行走，富家子弟骑驴、马前行。水路便利，可乘筏排、帆船赶路。富户绅商出门，以软篮、滑竿、靠椅为座，或坐独轮木轴车，让人力手推代步。新年第一次远行最讲究择吉而行，一般要选双日子或“黄道吉日”，忌单日、闭日、绝日、“黑道日”与“煞方”，忌出门碰上的第一个人是女性，尤喜碰上青壮年男子，寓兴旺发达之意。正月出门的俗规为“七不出八不归，逢九出门惹是非”。婴儿第一次出门过桥需向水中丢一枚硬币，名曰“谢桥神，讨吉利”。

新中国成立后，迷信禁忌大多不复存在，但择双日出门、“七不出八不归”，在老年人当中仍有信守者。

20 世纪 60 年代县乡通了汽车，远行以车船代步，青少年习惯骑自行车赶路。中共十一届三中全会后，城乡主干道均通公共汽车、出租车，城区、乡村的居民远行乘车，近距离以摩托、电瓶车代步。进入 21 世纪，家庭小轿车日趋普及。

岁时节庆

春节 石牌地区过春节民俗活动很多，从腊月直至次年正月十五，人们都沉浸在一派祥和欢乐的节日气氛中。

腊月十九至二十三，“掸檐尘”，洗被褥。二十三夜送灶神，祈求“上天言好事，下界保平安”。二十四过“小年”。二十五开始，逐日早晚焚香供祖，直至元宵节结束。二十四以后，开始打豆腐、炸圆子、杀年猪、理发、洗澡。债主开始上门索债，匠人也开始讨要拖欠的工钱。除夕贴了春联后便不能再索债。

除夕下午，家家贴大红对联、窗花、门钱、门神、“福”字，挂起红灯笼。夜幕降临，“管年”人召唤堂轩各家户主“还年”，烧香鸣炮拜祖先，祈祷保佑平安幸福、发财富裕、康宁美满。

年饭的菜肴丰盛且讲究。“年鱼”首选鲤鱼，俗谚“鲤鱼跃龙门”，寓意吉祥如意。其次就是鲢鱼，寓意“年年有余”或“连年有余”。烹调“年鱼”也颇有讲究，剖鱼时不去鳞，整条下锅煮熟装盘，“年鱼”上桌一般置于下方末席，鱼头朝上方，寓意“发达旺上”。还烹调一条小鱼为“听话鱼”，除夕夜一并上席，直到元宵节时才能食用。年夜饭桌上的“什锦菜”，寓吉祥和美之意。“圆子”，寓幸福圆满之意。桌上摆的碗筷数要超出实际人数，以示人丁兴旺。

菜肴基本上齐后，放鞭炮，吃年夜饭。吃罢团圆饭，便是“除夕守岁”。长辈给晚辈发压岁钱，老人和妇女围坐烤火，吃糕点，品细茶，话年景，通宵不眠，“听夜”观天象，预测新的一年吉凶丰歉。青年人到左邻右舍辞年，儿童则提着灯笼，呼朋唤友，嬉戏玩闹，夜半始归。除夕之夜，家家灯火通明，烛光辉映，村村鞭炮声声，远近相闻。

正月初一凌晨，开门迎春，俗称“出天方”，家家户户燃放“开门炮”。新年第一餐，传统习俗多食挂面、五香茶叶蛋（又名元宝）、炒米和年糕，寓意长寿、发财、丰收和步步高。上午同宗男子到祖堂给祖宗拜年。“出行”由宗族长者领头，全族人在祖堂大门外场地上放鞭炮聚会，互相“恭贺新禧”“恭喜发财”。“出行”后青年人依次登门给同族长辈拜年。初二亲朋开始相互拜年，直到元宵节前。有亲戚者，首先拜其祖辈，次长辈，再次平辈。整个春节期间，人们多是走亲访友，拜年问候。石牌地区在新的一年里，清明前后首次相见都称拜年，谚云：“青草盖牛蹄，恰是拜年时；拿刀去割麦，撞见拜年客。”

元宵节 石牌地区过元宵节的节庆民俗活动很多。一是上元祈福。这一天是天官大帝生日，故要清晨备礼，祭拜天官大帝，祈求赐福。二是吃元宵，祭祖先。煮好元宵先敬祖，亦即送祖。然后阖家团聚吃元宵，以示团圆幸福。三是“圆消”，把过年时制作的熟食全部“宵”（消）掉。因此，元宵夜的晚餐十分丰盛。四是闹花灯。灯会是元宵节的中心活动。灯的种类很多，如寺庙的彩灯、店铺的走马灯以及儿童的鼓仔灯等。飞禽走兽，花草虫鱼，形状各异，异彩纷呈，有老鹰灯、猴子灯、兔子灯、鲤鱼灯、虾子灯、蚌壳灯、乌龟灯、蟋蟀灯。一到晚上，竞相迭出，争奇斗艳，热闹非凡。花鼓灯、龙灯和狮子灯深受人们喜爱。花鼓灯，由女孩挑花篮，走旱船，踩高跷。男青年表演龙灯、狮子灯，伴随着龙腾狮舞的各种功夫表演，十分热闹。五是猜灯谜。花灯下有谜面，猜到谜底可得个奖品回家，算是过年的吉祥兆头。灯谜竞猜，形式多样，登墙报，看电视，玩微信，凸显了现代社会传统节庆的多元化。

春龙节 “二月二，龙抬头。”石牌人称农历二月初二为“春龙节”“龙头节”“青龙节”。以二十八宿中的角、亢、氐、房、心、尾、箕七宿组成一个完整的龙形星座，称之为“东方苍龙”。其中角宿恰似龙的头角，氐宿为龙胸，房宿为龙腹，心宿为龙心，尾宿、箕宿为龙尾巴。二月初，黄昏时分，角宿就从东方地平线上崭露头角，故称“龙抬头”，这天流行给孩童剃头。

清明节　石牌人称清明扫墓为“做清明”。带上糕点、鲜果、鲜花、香纸、冥钱、鞭炮到墓地，先供祭品，再烧纸钱、放鞭炮，在坟头插上标记，叩头行礼祭拜，并在坟头培上新土。宗族集体祭祖，场面宏大。一般到宗族一世祖墓前祭拜，以族里德高望重的老者为首，召集族众，备好“三牲”，扛着彩旗，吹着喇叭，敲锣打鼓，浩浩荡荡到祖坟山祭祀，行三拜九叩大礼，并撰写祭文告祖。

端午节　农历五月初五端午节，又称“端阳节”，因是夏季最盛大的节日，故亦称“夏节”。

端午节的节俗活动较多。一是系五彩长命缕。用红、绿、黄、白、黑五色丝线搓成彩色线绳，系在女孩子的手臂、颈项上，叫长命缕。二是驱五毒，浴兰澡。家家门上插艾叶、挂菖蒲，以驱五毒，制作艾人、艾虎、艾猴，用五彩线系于小孩手腕和颈项。有制艾糕、喝雄黄酒之俗。用兰汤沐浴，意在浴兰驱瘟，故有“沐兰节”“浴兰节”之谓。三是食粽子，赛龙舟。这是端午节最主要的活动，为纪念战国时楚国大夫屈原。这一天长辈还要送给晚辈彩色兜包布、佩锁、香袋等，表达对晚辈的疼爱关心和祝愿。

端午节应节食品有小麦粑、粽子、咸鸭蛋和绿豆糕。

中秋节　“早端午，晚中秋”，意为中秋节到晚上才显出过节气象。是夜，家家户户在庭院设席围坐，席桌上摆着月饼、菱角、石榴、板栗、鲜藕、生姜、芋头等应节食品。一家人边吃月饼边赏月，以示月圆人亦圆，故中秋节又名“团圆节”。石牌民间有观赏中秋月亮、预测来年元宵节阴晴之习俗，谚曰“云掩中秋月，雨打上元灯”。

旧时，石牌地区流行在农历八月十五晚上“摸秋”，各户农家瓜田菜园皆不设防，让人随便“偷摸”采摘。当然摸秋者应取之有度，适可而止，主要是摘点瓜果之类，讨个吉利。摸秋者多为少男少女，新婚未孕者尤多。据说摸着南瓜的易生男孩（南谐音男），摸得扁豆者预兆生女孩。有的已生儿育女的妇女摸得南瓜回来，饰以婴儿小衣，下安一红椒，送给婚后不育的妇女，谓之“摸秋送子”。

新中国成立后，中秋节、国庆节双节相连，更添喜庆气氛。而今，家人团聚吃饼赏月之风犹存，祭月、摸秋之俗渐渐消失。

下元节　农历十月十五日下元节，亦称“十月半”。主要民俗活动：焚“金银包”，祭拜祖先亡灵；祭大禹，纪念水官大禹此日诞辰；做糍粑赠送亲友；拜祭下元水官，每逢下元节来临，水官下降人间巡查善恶，为人们解除灾难，家家户户张灯三夜，在正厅挂一对提灯，并在灯下供奉鱼肉水果等；“水色”活动，水即水官，色即色彩也，扎彩船，在河中巡游，“水色”由此得名。这一天还有工匠祭炉神太上老君的习俗。

土特名产

顶雪贡糕 北宋神宗时期，石牌有一家糕点作坊，所制糕点白如山顶之雪，曾作为贡品献给皇帝品尝，故得名顶雪贡糕。顶雪贡糕选料考究，做工精细，物美价廉，久负盛名。主要原料选用上等优质糯米，辅以白糖、麻油、橘饼、桂花、核桃仁、红绿果脯，经调料、清蒸、切片、包装等多道工序，制成长方形的条糕。顶雪贡糕洁白柔软，不干不潮，酥松可口。糕片厚薄均匀，拧推似牌，曲卷如纸，点火可燃，入口即融。喜庆之日，亲友往来送礼必备，并以原糕回礼，意为“糕（高）糕（高）去”。

顶雪贡糕（2015年）

顶雪贡糕曾收录于《中国名食百科》，获 1984 年安徽省供销系统特优产品和部优产品称号，1985 年、1989 年两度被轻工部授予优质产品称号，1988 年获中国首届食品博览会银奖，1990 年获中国妇女儿童用品博览会银奖，1995 年获评全国焙烤食品糖制品行业优质名牌产品，1998 年被安庆市人民政府授予“质量信得过产品”称号，并被安徽省旅游局指定为旅游定点产品。

龙凤贡面 龙凤贡面原名“长生面”，历史悠久，闻名遐迩。相传北宋时期，石牌有户人家弟兄五人，长兄在汴梁（今河南开封）为官，七十寿辰时，其弟千里迢迢送长生面祝寿。其兄又将此面辗转进献给宋太祖赵匡胤。太祖品尝后觉味美可口，细看银丝般的面条，联想到国富民顺，江山万代，不禁龙心大悦，当即传旨，命此面年年进贡，遂得名“贡面”。石牌贡面历经千年而不衰，在于它配料独特，制作精细。贡面采用精制面粉、小磨麻油、蛋清、精盐等多种精料，配制盘条，经手工精心拉制而成。其成品白如银，细如丝，丝丝成缕，长短一致。贡面烹调亦颇讲究，先备好卤汤，鸡汤或肉汤为宜，盛于碗内，佐以上等酱油、少许味精、葱花，再将面条放入沸水中稍煮即捞出，放进卤汤内，不糊不腻，入口柔软，味道甚为鲜美，是老弱滋补的理想食品，也是款待宾客的佳肴。

新中国成立前，贡面只有石牌马氏“长流居”面坊独家经营，产量甚少。其后国家粮食部门接管面厂，1981 年扩建面厂，在吸收原祖传秘方的基础上改进配方和创新工艺，提高质量和产量。包装上仍采用传统的竹篓，小巧玲珑，典雅别致，美观大方，携

龙凤贡面（2016年）

制作贡面（2016年）

带方便，是赠送亲友的理想珍品，享誉全国，畅销北京、上海、广州、香港等地和东南亚。1984 年、1985 年怀宁龙凤贡面分别获得“商业部优质产品”“安徽省优质食品”称号，1988 年通过商业部部优复查，同年获得“中国首届食博会银奖”。

麻塘鲫鱼　麻塘鲫鱼产于石牌麻塘湖，为天然野生鲫鱼，个头大，品质优，远近闻名。1915 年《怀宁县志》记述:“麻塘湖产鲫鱼，一尾之重盈斤，较他处鲫鱼独大，此皆感于地气之不同也。”鲫鱼可蒸，可氽，可煮，可红烧，可炖汤，均香嫩味美。

麻塘鲫鱼（2017年）

石牌芹菜芽　石牌地区盛产芹菜芽。春季芹菜长势好，割取复叶叶柄食用后，留下根部任其长出藤蔓。白露时，将藤蔓按节剪断（约 6 厘米），将其放入水中浸泡 4 ~ 6 小时。取出藤蔓撒在整理好的苗床上，盖上 3 ~ 4 厘米厚的熟土，压实，铺上稻草，浇透水。六七天后出芽，掀去稻草，苗床土壤要一直有充足的水分。寒露前后，将长出 3 ~ 4 片真叶的芽苗移栽到整理好施足基肥的大田苗床中，行距 20 厘米，株距 10 厘米，每棵 4 ~ 5 根。然后适时施肥浇水，待芽苗长至 15 ~ 20 厘米高时，用细土围芽。一般围土三四次后，芹菜芽就可以上市。

石牌芹菜芽是居家餐桌和酒店宴席上的佳肴，鲜嫩、清脆、可口，一般同酱干丝一起伴炒，是培植独特、烹饪独特、风味独特的菜品。

石牌山药　石牌山药，又称“怀山药”，蒸、煮、烹、炒皆可，色、香、味俱全，风味十分独特。可佐以白糖清炖作为补品，如与肉相配，炒片、炒丝或红烧，口味尤佳。石牌山药性味甘平，可以入药，有健脾、保胃、补肾和治疗消化不良等功效。

怀山药（2017年）

山药乃薯蓣的俗称，块茎略成圆柱形，外皮棕黄色，断面新鲜时呈白色，带黏性，茎右旋，无毛，单叶互生，中部以上叶对生，叶腋间为珠芽，叶片呈三角状戟形或卵形。原为野生于海拔500米以下的灌木林间，石牌的栽培已有200多年的历史。清同治年间（1862—1874），石牌龙头村一农民从外地引进山药，试种成功后，逐渐扩大到周边，成为石牌农贸市场上不可缺少的一种特色蔬菜。每年秋后，上市的山药远销安庆、望江、岳西、太湖等地。

皖河黑猪 皖河黑猪体形中等，毛衣黑色，额心、四蹄和尾端有小块白斑，头面窄，嘴筒直，额纹少，背腰平直，腹大下垂。因产于皖河中下游南岸而得名。

皖河中下游南岸圩洲辽阔，沟渠交错，气候温和，饲草繁茂，养猪的自然条件优越，谚曰“无猪不成家”，历史上农家多习惯养猪，尤以饲养母猪为多。每年春、夏、秋三季，常放养于圩外草地，以谷糠、菱角菜、水葫芦和其他水生植物喂养，故此猪具有抗病力强、成活率高、育肥快等优点。育成肥猪一般10～12月龄，体重可达75～100千克，育种母猪每窝产10头小猪，每两年产小猪2～5窝，母猪最佳育期可达10年以上。

石牌镇历来是皖河黑猪买卖的集散地。20世纪初，镇上就有“劳脚行”（小养猪买卖经纪人），新中国成立后镇上专门设有生猪交易所，规范管理经营小养猪买卖市场。且常年有4万多头猪远销鄂、赣、浙、闽、粤、桂等省区，还用体重46千克的皖河黑仔

皖河黑猪（2017年）

猪加工“囫囵猪”，为上等佳肴，其肉质酥松鲜美，独具一格，可与符离集烧鸡相媲美。

为了发挥生猪资源优势，石牌镇推行种公猪外来化、良种母猪地方化（皖河黑猪）、仔猪杂交二代化的“三化”科学养猪，建立起庞大的苗猪繁殖基地。

宜塘半夏 半夏土名“老鸦眼”，名贵中药材。其色白，球状块茎。喜温湿，耐寒不耐旱。作药可止咳、祛痰、止吐，生食消疖肿。

石牌种植半夏历史悠久。1915年《怀宁县志·物产》记载：“药最著名者有麻塘湖芡实、宜塘半夏……皆不可多得。”宜塘半夏，质优价高，为中药材之上品。

宜塘半夏（2017年）

石牌小吃

水蕨粑 石牌地区每年农历三月初三，有吃水蕨粑（蒿子粑，亦称水菊粑）的习俗。相传三月三是鬼节，吃水蕨粑粑魂，能把魂黏附住，孩子才健旺。这里取粑的谐音，有控制黏附之意，以企求无病无灾和延年益寿。采来水蕨，剪除根部，留下茎叶，嫩叶最佳，洗净捣碎。配上适量的米粉，米粉炒至五成熟，可掺少许糯米粉，增加糍性。讲究的，把水蕨和米粉拌匀后，放在舂米的碓里反复舂成泥状。做粑时，用开水搅拌，边拌边揉边加水，揉得越软越好。水蕨粑包上馅，味道更美。粑馅为葱、蒜、酱干、腊肉、咸菜、辣椒粉等。做粑时，用粑印子印成寿桃形、圆形、六方形，粑面上饰以水蕨、莲花、石榴、元宝、小鸭、小鸟等图案。做好水蕨粑送给左邻右舍品尝，此举一是出于礼节友好，二是彼此交流厨艺。

河水煮河鱼 石牌境内，水质清澈，盛产鱼虾。旧时，渔民清贫度日，客人上门，有时只能以“河水煮河鱼”相待。所谓“河水煮河鱼”，即把在湖里或河里现打的活鱼，用湖水或河水煮熟，除加少许食盐，不加任何作料。所煮之鱼香气清纯，有独特的鲜美滋味。“河水煮河鱼”是皖河两岸的一道特色菜。

红烧狮子头（2017年）

红烧狮子头 红烧狮子头，是石牌人逢年过节常吃的一道菜，也称“四喜丸子”，取吉祥之意。将三分瘦七分肥的猪肋条肉剁成石榴粒状后制成丸子，用砂锅文火焖炖40分钟，熟丸子表面的肥肉大体熔化，瘦肉则相对显得突起，给人一种毛毛糙糙的感觉。丸子大而表面毛糙，故称之为“狮子头”。狮子头有清炖、清蒸、红烧三种烹调方法，品种较多，有清炖狮子头、河蚌烧狮子头、凤鸡烧狮子头、青菜烧狮子头、芽笋烧狮子头、清蒸蟹粉狮子头等。红烧狮子头肥而不腻，口感松软，独具风味，配上翠绿青菜，色彩鲜艳，香气扑鼻。

粉蒸肉（2017年）

粉蒸肉 粉蒸肉是石牌的传统特色美食。粉糯而清香，酥而爽口，软、嫩、甜、香、咸，滋味丰富。先将八角、桂皮等香料炒熟碾成粉，再把新鲜的五花肉洗净切成肉片，放入盆中，佐

什锦菜（2017年）

以辣椒油、酱油、少量水，让米粉湿润，后加上白糖、料酒、味精等调味品拌匀浸渍约5分钟，最后把蘸满蒸肉粉的肉片一片一片叠在碗内，置于蒸笼中蒸熟至烂。有的以老藕垫底，色泽粉红。

什锦菜 石牌人春节期间席上必有一道寓意吉祥、营养丰富的美食——什锦菜，寓意十全十美、事事如意、前程似锦。什锦菜又名“十样菜”，其原料不下十种，诸如金针菜、黑木耳、香菇、竹笋、胡萝卜、白萝卜、黄豆、酱干、香芹、辣椒、大蒜、生姜等，经烹饪制成冷盘，食时淋上小磨麻油，色泽艳丽，通盘锦绣，浓艳中见淡雅，清香四溢，赏心悦目，诱人食欲，吃上一口，香甜咸辣一并俱来。

康乐菜 康乐菜是用马齿苋做成的保健菜肴，制法简易。采集鲜马齿苋，去根去杂，洗净晾干水分，然后用灶膛柴灰反复搓揉，晾晒去灰，干藏备用。食用前，用清水浸洗干净，用文火焖制。食时用小磨麻油和蒜泥拌调，味道鲜美，酸甜适中。若能与面条同食，则更具特色。马齿苋含有20多种药用成分，食后可消积润肠、止渴生津、清热解毒，康乐之名由此而来。用马齿苋制成的康乐菜、康乐面，尤适宜脾胃虚弱者，还可预防春节期间因多食肥腻食物引起的积食。

皖河故道焕然一新（2019年）

艺文杂记

石牌，人文荟萃。一篇篇艺文佳作，洋洋洒洒，玉润珠圆；一个个传奇故事，口口相传，绘声绘色。或描摹山水，讴歌乡土人情；或寄情风雅，传递社会温暖；或抚今追昔，感慨人间沧桑。

散文

杨月楼杨小楼父子姓氏新发现

——“戏曲之乡”访问记

马彦祥[①]

为了对京剧二黄调的来龙去脉、二黄与西皮两腔合流问题做进一步探索，我于去年5月到二黄调的发源地安徽怀宁县石牌镇做了一次调查走访。

早在清乾隆李斗的《扬州画舫录》中，就有二黄调从安庆传入当时盐务中心扬州的记载，而且认为“安庆色艺最优”，这就是指石牌镇的徽班乱弹。清道光、咸丰年间（1821—1861），徽班名优辈出，程长庚、杨月楼、曹眉山、王鸿寿等大都来自石牌，所以有“无石不成班”之说。

据说明初朱元璋在江西鄱阳湖一带与陈友谅大战之时，当地农民避祸到石牌一带，围堰垦荒，逐渐发展成为农商兴旺的小市镇，戏曲活动也随着经济的发达而繁盛起来。入清以来，尤其在清乾隆、嘉庆时，当地便以石牌腔著称，流行于江、浙、闽、广、川、云、贵等省。石牌腔，俗名吹腔，外地有称安庆调的，与拨子同属徽调早期的主要腔调，所谓做戏的吹、拨，指此两腔。后来二黄调与西皮腔合流，称为皮黄腔；吹腔、拨子与二黄本有渊源关系，于是它们也就归属皮黄系统。后来，人们称徽调，就包括了吹、拨、皮、黄四种腔调，随着徽班流传外地，颇具影响。清光绪中期，谭鑫培在继承皮黄戏（徽汉两调）唱法基础上，另创新声，被称为“谭派”，与汪桂芬、孙菊仙形成鼎足而三的局面。庚子事变后，汪病逝，孙辍演，于是唱老生的都以“谭派”标榜了。

---

① 马彦祥，中国文联原副主席，1981年5月到石牌镇皖河村杨家牌考察，次年撰文，收录时略有改动。

连徽班演员也改习新腔。“五四”以后，上海观众以皮黄腔来自北京，称之为“京戏”，风靡南北，徽戏衰微。

在怀宁，我们了解到所谓徽调或徽戏之称，无非是外地人叫出来的名字，二黄调或二黄腔当地群众只称为“乱弹”，或叫作大戏。所谓大戏，是为了与黄梅小戏相区别。我认为当地群众的叫法是很值得注意的，因为许多冠以地名的剧种名称，都是外地人给叫出来的，虽说有乡音不同产生的差别，但就其声腔来说原本是一样的东西，有其渊源与流变关系。究其本名，反而有利于我们厘清剧种之间的复杂关系，有利于扫除一些地域观念所带来的本位思想的障碍，少去争当祖师爷，多去探求声腔演变、兴衰的规律，作为今天革新艺术的借鉴。

地道的徽戏在怀宁是看不见了。但乱弹前辈名艺人以及有关他们的传闻轶事，仍在群众中流传。

怀宁县文化局张亭同志，学戏出身，既懂行，又一贯留心查访戏曲史迹，对这里戏曲剧种变化发展的情况也颇多研究，我们从他那里知道了程长庚的原籍就在怀宁。

张亭说：“程长庚清光绪六年（1880）逝世后，杨月楼继他担任了三庆班的班主，这是尽人皆知的事。杨月楼也是我们石牌人，去年查访得知杨月楼并不姓杨。”

这句话，使我和同行者都感到诧异。

他看出我们有些不解的样子，于是特别强调地说：“确实是这样。我们找到了杨家的宗谱，记有杨月楼，当地人说为修谱的事月楼还捐了款，但他们的族谱却题名为《王氏族谱》。”

为什么既姓杨又姓王呢？原来石牌这个地方是王杨同姓，他们对外称杨，对内就是王，一直相传下来。当然，现在已不是这样了。王杨同姓有这样一段传说：杨氏家族本是西汉王莽的后裔，王莽篡位失败后，光武帝刘秀建立东汉王朝，传旨要灭王氏九族。有一王氏中人被官兵捕获盘问，他心想说出姓王就会被杀头，急中生智，忙指着身边的一棵杨树，说自己姓杨，是杨树的杨。官兵信以为真，将他放过，其他王氏中人闻听此事，也纷纷易姓为杨，以避杀身之祸。自此，他们本族中人仍以王为姓，对外就称姓杨了。

这种传说到底可不可信呢？我们走访的几个村子，都是以“杨”来命名的，如杨家牌、杨家墩等。而这里所住的老住户确实是以王姓者居多。像王杨同姓这种情况并不是独一无二，我记起在怀宁时有人说过丁陈同姓的事。传说陈友谅被朱元璋击溃以后，陈家后人也被追捕，有一位扮作钉鞋匠，官兵追至，问他姓什么，他忙指着钉鞋工具，口称姓丁，也被放过了。有一位怀宁籍姓吕的朋友告诉我，这种两姓相通的宗族的出现，往往和战乱中逃生避难的人有点关系。

我们从石牌镇出发到皖河大队的杨家牌。这里有个业余剧团，专唱乱弹，颇有名气。杨家墩就是杨月楼出生地，村中老者告诉我们，月楼的父亲，名基旺，是个打拳卖艺的师傅，为糊口度日，流落外乡，据说带着月楼到了北京天桥卖艺。月楼身材魁梧，腰腿灵活，练就一身好武艺，被张二奎老板（与程长庚齐名的皮黄老生）看中，收为徒弟，教他唱戏。学成登台献艺，成为一个文武全才的皮黄名演员。乡亲们指着一幢新盖的大瓦房，说这就是杨月楼家的房基地，早已残破，生产队修缮后做了仓库。杨家墩是个大村庄，分上、中、下三墩，杨月楼原住中墩，自离家以后，已无嫡亲。传说他有一个侄子，曾到北京找过他，当时月楼给他一笔钱，托他回家后帮助修缮老屋，哪知这个侄子不学好，吃喝嫖赌把钱折腾光了，根本没办月楼所托之事。杨月楼清光绪八年（1882）前后回乡探亲，祭扫祖坟，才知道这件事，从此再也没回过家乡。

我们离开杨家墩乘车北行，到收藏《王氏宗谱》的一位老者家里去访问。张亭告诉我们，“文化大革命”中“破四旧”时，有人逼这老者交出宗谱。他以老贫农出身红的身份给顶了回去，但他始终心有余悸，不欢迎别人找他看宗谱。我们来到他家，老者十分客气，谈吐之间面有难色。为了使他放心，我和陪访的县委宣传部老马同志向他解释了我们的来意，使他明白保存这份宗谱还有一定史料价值的道理，最后我还写了一纸保证。他消除了顾虑，亲自从阁楼上取出一册宗谱，告诉我们这册中有月楼的情况。全宗谱共分四册，其他三册由另一家收藏。族谱是一族的公物，不是个人私产，不得外借。我翻阅了这册《王氏宗谱》在第十五世下面果然记有：“久先公，字月楼，生于道光二十四年甲辰七月初六日丑时。娶妻陈氏，殁、失记。续娶胡氏，生子二，长曰传，次曰英。”

过去在清升平署档案中看到过杨月楼在清同治、光绪年间（1862—1908）曾充任精忠庙庙首。他在呈报内务府的禀帖中具的名字是杨久昌，而宗谱所载为久先。“久”字是他的辈分，辈分不错，而最后一字“先”易为“昌”，这很可能是他来京以后自己改的。关于月楼的生年和籍贯，和以前的文字记载很不一致。其生年大都说他生于清道光二十九年（1849）；至于籍贯，或说苏州，或说潜山。根据宗谱所记，显然都是错误的。

经过这次查访，可以明确：杨月楼生于道光二十四年（1844），准确的籍贯应该是安徽省怀宁县石牌镇的杨家墩。

著名武生演员杨小楼是杨月楼的儿子。但宗谱上却没有记述，只说有二子，长名家传，次名家英，“家”字是他们的辈分，出生年月都未录，由此可知其二子都已夭折。小楼是月楼到北京以后所生。月楼鉴于家传、家英都幼年夭折，恐小楼亦难养，因此在小楼出世后，将他过继给同班的谭鑫培（时二人都在三庆班）为义子，小楼自幼寄居谭家，取名嘉训。“嘉”字是鑫培儿子一辈的排行。一直到月楼去世，小楼已长大成人，待至成婚的时候，才认祖归宗，恢复姓杨，并取名小楼，而以嘉训为字，以示不忘谭氏养育之恩。

上海辞书出版社出版的《中国戏曲曲艺词典》中介绍杨月楼的籍贯，即“安徽怀宁人”，纠正了过去史料的错误。但在杨小楼的条目中写他是“安徽石埭人”，又“一说潜山人”，显然又弄错了。石埭，今名石台，在长江之南；而怀宁石牌镇在长江之北，它们是安徽省的两个县。可能写条目者误以为石埭就是石牌。杨月楼迁居石牌的事无文字记载；杨小楼是杨月楼之子，也不会有籍贯不同的可能。看来实地调查、走访，对治史来说是十分重要的。

我的戏园子（节选）

潘军

我一直认为，1957 年我来到这个世界听到的第一个声音，是黄梅戏的锣鼓。

那个秋天的下午，我出生在石牌镇怀宁剧团附近的一个租借的民房里，多少年后外婆对我说，那天剧团正在排戏。我想那大约是一个悲剧吧，譬如，《白蛇传》。剧中的白娘子本该由母亲出演的。半年后，她的许仙成了右派，从此这个家庭被阴霾笼罩了二十年……

那时我家只有外祖父、外祖母、母亲和我，还有一个叫作娥的乳娘，当地称奶妈。父亲在农场劳教，根本回不了家。秋去冬来，父亲请假回来取换季的衣服，外祖母让奶妈去剧团唤母亲回来，结果被一个“积极分子”知道了，汇报给了一个姓胡的团长，此人不知是出于怎样阴暗的心理，立即宣布今晚通宵排戏，不许任何人回家。于是，我二十岁的母亲便用台毯裹着身体度过了一个不眠之夜。天不亮，父亲就披着凌晨的寒露走了。这一走，就是二十年！直到 1979 年才回来，我们这个凄风苦雨中的家庭才得以团聚。我在第一本书的后记中曾这样地表述：夫妻重相顾，两鬓白如霜。

我可以说是在剧团里长大的孩子。剧团和剧场连在一起，当地人喜欢称它为戏园子，位于石牌镇主干道建设路边上。这是我的摇篮，孕育着我童年的梦。我小时候，白天去戏园子看练功、看排戏，晚上便由外祖母带着去看演出。除了在“池子”里看，还到舞台侧幕条边看，在灯光控制房里看。剧团的人都喜欢我，三岁那年，詹仰叔叔为我勾了个花脸，让我站在舞台上，对着省里下来的记者，拉开山膀来了一个亮相——这是我第一张剧照。这张照片在“文化大革命”抄家时给丢失了，母亲后来时常感叹可惜。

母亲叫潘根荣，黄梅戏的老人喜欢喊她叫“小犹芝”，她九岁跟随父亲潘犹芝走江湖，刚一解放，便成为怀宁县黄梅戏剧团的演员，之后便是当家花旦。我至今记得，“文化大革命”前以及 1978 年之后的几年，只要海报上挂出潘根荣的名字，票房一定是可观的。每年春节期间，从初一到十五，票都预先订光了，中午还得加演日场。我印象中母亲的舞台形象永远是那么的完美。她的戏路子很宽，工青衣花旦，也能演小旦，五十岁之后，她开始过渡到老旦。和母亲搭档的有两位著名的演员，即詹仰和已故的潘绪满。他们合作的剧目至今怀宁人民依然念念不忘，也为专家们所重视。前些日子，我在合肥遇见著名作曲家时白林先生，谈起我母亲的唱腔，时先生竖起大拇指连声赞叹：“潘根荣的唱腔是这个！而且，扮相也好！”

我尤其喜欢看母亲的反串剧目，如《女驸马》和《孟丽君》，她的表演在女性的柔美中蕴涵着男人的刚毅。这或许不是偶然的，生活中的母亲就是一个敢于和命运抗争的人，如同逆风中的芦苇，宁折不弯。

是的，母亲在属于她的人生舞台上站住了，从来就没有跌倒。

随着商品经济的发展，基层文艺团体的日子越发艰难了。剧团的一些骨干纷纷调离，剩下的人也很难找到出路。他们失去了舞台的欢乐，也自然远离了自己的梦想。但他们的业务能力是很棒的啊！1985 年，我当时在省委宣传部工作，曾经去怀宁剧团搞过一次文艺团体改革的调查。最后形成的报告也不过是官样文章，无人问津。2000 年之前，父母还在石牌镇上居住时，我每年的春节都会回去一趟的。一回去，自然要到怀宁剧团去看看。记得是 1998 年前后，我得知怀宁剧场失火的消息，便专程赶回了。第二天去剧场看了，眼前的一片废墟让我震惊心寒。我的摇篮就这样被焚毁了。我拍了现场照片，回到省里与文化部门交涉，希望能把这个剧场恢复起来，但也只能得到一声同情而已。如今，怀宁的新县城已经搬迁到了高河，我不知道在家乡宏伟的规划蓝图之中，是否还有怀宁剧场的一席之地？怀宁是名副其实的“戏曲之乡”，历史上曾诞生过像杨月楼、杨小楼这样的一代名优，没有剧场，实在说不过去。我们不能一方面从地下挖掘历史的辉煌，而在另一方面却忽视冷漠了地上曾经拥有的荣耀。

黄梅戏 走在窄窄的田埂上

朱思雄　叶琦

4 月 7 日，刚结束一轮绵绵降雨的江南，春意盎然。

沿着水阳江畔顺流而下，记者来到苏皖交界的安徽宣城市宣州区水阳镇徐村，遇到了前一天入驻的安徽新声黄梅戏剧团。

“明天要演出，所以昨天提前把戏台搭好了，没承想却让雨水压倒了顶棚，今天我们 6 个人花了整整一天紧赶慢赶地重新搭好了戏台。”新声黄梅戏剧团是安庆市怀宁县石牌镇的民间剧团，团长王鹏是年轻的 85 后，却带着剧团走南闯北唱了七八年。

戏台搭建在水阳江旁一块狭小的泥地上，简单地用钢管和木板拼凑加固，罩上防雨大棚，简陋破旧，有如施工现场。台上的电子显示屏，滚动播放着为这次演出筹款的村民姓名、数额以及第二天即将演出的剧目。

雨过天晴，一出好戏即将上演……

“但凡有生命力的剧种，都是生长在民间、活跃在民间、变革在民间。”一滴水见太阳，一个“草台班子”的生存发展，折射出戏曲传承发展面临的一些共性问题与破解之策。

“老百姓也爱看，基本上是锣鼓一响，脚板就痒”

4 月 8 日一早，临时戏台旁，陆陆续续来了些隔壁村子甚至是 5 公里外镇上的小摊小贩，沿着通向戏台必经的水泥路一字排开。

剧团和村里商定的演出时间是下午 1 点 40 分，将演一本大戏经典剧目《双龙会》。

过了上午 10 点，场地上不断涌入村民，带着小板凳的，骑着三轮车的。有的将三轮车和板凳往戏台前一摆、占个位后离开，有的索性就直接坐着了。

新声黄梅戏剧团要在村里连演 3 天，一天两场，为的是庆贺村里的晏公庙重建满 9 年，“戏是唱给菩萨听的，全村共享。”王鹏戏言。

起源于皖、鄂、赣三省交界的黄梅戏，源自民间、唱自田间，最早在以石牌为中心的安庆地区发展繁荣起来，从早期自唱自乐的民间歌曲发展为独立的全国性剧种。

也正因此，包括新声在内的民间黄梅戏剧团，大都选择在安徽、浙江、福建、广东等省份的农村演出。“这些地方的人更为崇尚传统，宗族观念重，大部分黄梅戏的演出都放在祠堂和庙会，很多戏都是孝敬祖先唱给先人看的，老百姓也爱看，基本上是锣鼓一响，脚板就痒。”王鹏说，在经济条件相对较好的浙江、福建，唱戏的硬环境比安徽要好，还会有请戏的老板给看戏的乡亲们发香烟发饮料。

来徐村之前，王鹏的剧团刚在不远的银光村连演了 8 天戏，“前面 4 天和今天一样，演的是庙戏；后 4 天是加演的戏。估计这儿到时也会加演几场。我们就是这样，到处跑，通常在一个地方待上四五天。”

农民演、农民看，王鹏的一个突出感受是，来看戏的大都是村里上了年纪的老年人，“村里年轻人不多，有也一般不会来，情愿在家里看看电影。”

在精神文化生活日益丰富、文化娱乐方式日益多样的今天，戏曲观众老化、分流的现象比较突出，年轻人爱看、愿看的少了一些，戏迷也不够多。演出市场萎缩，很多地方戏剧团失去了演出活力，仅有为数不多的剧团能够坚持正常演出。

黄梅戏亦是如此。

同大部分地方戏曲给人的印象一样，黄梅戏在不少人心目中有一个刻板印象：节奏慢、时代远、故事情节单一。很多年轻人这么想：戏曲都是老年人“咿咿呀呀”，一个简单的故事要唱个把小时。

即使被移栽进了现代化的剧场，黄梅戏也面临观众老化的挑战。

2015 年，安庆市黄梅戏艺术剧院新创的黄梅戏舞台剧《大清名相》在安徽大剧院公演 3 场。

陪着 78 岁母亲来看戏的陈晓晔，是一名 35 岁的公务员，“母亲退休前是音乐老师，对于黄梅戏既有研究也非常喜爱，到我们这一代人就少有时间和兴趣来看了。”

“在网上看过《女驸马》和《天仙配》这些经典黄梅戏，除此之外就很少接触黄梅戏了，它的节奏对于我们年轻人来说过于缓慢了。”1992 年出生的刘娜，拿着赠票看完《大清名相》，虽然对戏曲知之甚少，但这场戏精彩的故事和动听的音乐还是让她感到满意。

“上世纪70年代后期到80年代是戏曲的黄金时代，全国400余个地方戏都充满生机。进入新世纪，多元文化和新兴元素快速兴起，生活节奏加快、娱乐形式翻新，戏曲的生存和发展遇到前所未有的挑战。”在安庆市文广新局艺术科科长汪志耿看来，“其实和京剧、越剧等剧种相比，黄梅戏的唱腔还算比较适合年轻人，既有阳春白雪，又有下里巴人，有一定的时尚度。只是在各种娱乐形式冲击的当下，年轻人难以对黄梅戏产生特别浓厚的兴趣。”

据汪志耿介绍，安庆市正通过黄梅戏进校园进高校、培训中小学生和音乐老师等形式，培养年轻观众，夯实戏曲发展的根基。

一年演了 600 场，赚了 20 万元

这次徐村请戏，给新声剧团的演出费是一天 1.2 万元。王鹏介绍，一般村里请戏的价码是一天 1 万元到 1.5 万元不等，通常是连请 3 天。

今年，王鹏和母亲叶丽萍正月初三就冒着大雪带着剧团离开家乡怀宁县石牌镇远赴江西鄱阳、景德镇等地演出，到 4 月份已经连演了 90 多场戏，接下来到 5 月份也有了演出计划。

2015 年，剧团在浙江、福建、广东等地一共演了 600 多场黄梅戏，叶丽萍这一年下来赚了 20 万元。对于一个黄梅戏民间剧团来说，这已是非常可观的收入。

“在福建福清市唱黄梅戏的，原来有 4 个民间剧团，现在只剩我们一家了。宣城广德县的一位汪姓团长经营的民间班社今年欠了几十万元的工资，明年恐怕也唱不了啦。”这次水阳镇的演出，叶丽萍因为要回家打点自家开的小店并没随团出行。

关于剧团的收入，叶丽萍给记者算了一笔账：剧团到外演出，一场戏 3 小时，每场戏最低 5000 元，多的能到 1 万多元；剧团一共 38 个人，演员的工资包月结算，高的七八千元，低的 2000 多元，演员一个月的工资加上伙食住宿等成本需要 15 万元，另外还得加上交通费和后勤费用，“在外演出基本上通过演出经纪与当地老板对接，演出经纪至少从中抽成 10% 到 20%。出行我们自带厨师和司机，演员自己化装。如果我们停工一天，成本上就要亏 5000 元，所以只要不下雨不下雪，我们都演。”

在外巡演的民间剧团，通常还能从戏曲传统的“打彩”中获得部分收入。

“‘打彩’在浙江和福建比较常见，唱苦戏打苦彩，唱喜戏打花彩，请戏班的老板想通过这种方式图个吉利。”汪志耿介绍，有些“打彩”就像是平时看电影电视中的插播广告，给老人做寿的、祝贺家里小孩考上大学的，请戏的老板们基本都愿意出这部分“广告费”。

“一场戏里‘打彩’少的几百块，多的能到几千块，这其中的不确定性，全看请戏人的心情和排场。”王鹏说，新声剧团2015年靠“打彩”有近6万元的额外收入，“通常会从‘打彩’的收入中拿一部分犒劳一下演员，改善改善伙食。”

“现在，‘打彩’的慢慢少了，村里花钱包戏，如果刻意‘打彩’要钱，会招致反感和厌恶，往往只会在剧情有需要的时候才‘打彩’。”王鹏补充道。

新声黄梅戏剧团创建于1945年，一开始趁着农闲，剧团演员稍稍化个妆就开始在田埂上搭个小台演上了，也就两三个人唱。随着黄梅戏的普及和发展，剧团的戏越演越多，效益也越来越好，很多地方唱了走，走了又来唱。一年二三十万元的收入虽然算不上多，但相比不景气的戏曲市场来说，已算不错的战绩。

在王鹏看来，一些黄梅戏剧团垮了，并不是因为没人看，而是请戏的老板们这几年顶着错综复杂的经济大环境钱赚得少了；有些剧团的组织者在外又嗜赌成瘾，团里的钱都赔光了。

相比新声等民间剧团，一些国有黄梅戏剧团适应市场的灵活性、自身“造血”功能弱了不少。

安庆市黄梅戏艺术剧院的《大清名相》在安徽大剧院3天公演下来，窗口的零售票售出无几。

“到场的观众大多拿着政府购买文化服务的赠票而来，自掏腰包来看戏的人还是少数。要真正走向市场，黄梅戏还是有难度，一场戏即使前期花了100万元用于演出宣传，之后可能连10万元的票房都很难收回来。”面对精品与市场的错位、创作与演出的反差，安庆市黄梅戏艺术剧院副院长开全疆直言无奈。

“国有剧团很大一部分职能是承担政府惠民演出，政府出资购买文化服务，观众基本上是通过赠票或是低价票来看戏，零售的票款收入自然会少。”开全疆表示，相比于对艺术的追求，国有剧团追求经济利益的成分要相对小一些，像此类政府购买的演出服务，剧团只能从政府那儿得到基本的成本费用。

不能再“老戏老演、老演老戏”

下午1点半，不大的一块泥地上已是人头攒动，现场来了七八百人，河边的公路被拥挤的人群和三轮车、自行车堵塞，来看戏的人，很多戴着劳作时遮阳的草帽。

如同王鹏所说，在场的除了小商小贩有几个年轻人，观众队伍中难觅年轻人身影。

随着现场鞭炮和礼花的燃响，《双龙会》准时开场。第一幕上演的是《擂台比舞》，讲的是七郎杨延嗣擂台失手打死潘豹的杨家将故事。现场虽然杂乱，观众听得却甚是投入。

由于人手有限，第一幕王鹏在台上客串一名侍卫。候场时，他在戏台旁一个简陋的化妆室里抽起烟，和其他演员聊聊天。

演员们身上的戏服已经随着剧团南征北战好多年，演员们的妆都是自己照着小镜子涂抹，剧团里每人都身兼数职，身怀各技。

虽然没有此起彼伏的叫好和鼓掌声，但一场两个半小时的黄梅戏演下来，村民们看得还是十分投入，“不管戏服、口面多破多旧，戏演得好看最重要。望着台下都是人，看着大家都满意，作为演员，我们非常有成就感，东奔西跑也值得。”王鹏一脸笑容。

下午的《双龙会》演完后，庙会的负责人过来告诉王鹏，晚上让剧团给村民们演一出连台本。晚上的戏 7 点开始，演员们带着脸上的妆匆匆吃了口饭，歇息一会就要再次登场。村民们陆续散去，但留着板凳和三轮车，为夜场占个好位儿。

夜幕降临，戏台的灯光设备虽然简陋，但在缺少霓虹和华灯的农村，仍把水阳江畔这块泥地照得格外喜庆和热闹。

晚饭过后，看戏的村民又围坐在一起。对于他们来说，今晚有了个好去处，不用约牌了，大家兴高采烈。时辰一到，随着台上伴奏人员的一声弦鼓，好戏又开张了。

“剧团演哪出戏哪个选段，都是村里说了算，经常是一场演完才通知我们下一场要演的剧目。”王鹏说，老百姓爱看《天仙配》《女驸马》。“当然，像我们民营的黄梅戏团经常是自己编词、自己作曲，创作一些浅显易懂的连台本，有个故事情节就行，再夹杂着经典选段，演出内容就差不多了。我们有时也想去创作和更新现有的剧目，但编了新的老百姓未必会喜欢，所以我们也不会有剧目创新这方面的压力。”

“现在单纯的黄梅戏节目不足以满足观众的胃口，我们会在整场演出中穿插歌舞和杂技，大家爱看武戏，剧团就从山东、河南招一些武行演员丰富表演内容。”叶丽萍说，相比小戏，观众现在更爱看连台本的大戏，就像看电视剧，看了上本还有兴趣看下本，观众要的是故事的情节性、串联性。

“‘天天《打猪草》，夜夜《闹花灯》’是很多人对于黄梅戏缺少新剧的自嘲，对我们来说，一招鲜吃遍天，反复演出经典并不存在问题。”在王鹏看来，相比民间剧团，国有剧团在优秀剧目的创作和创新上承担着更大的责任。

安庆市黄梅戏艺术剧院院长熊辰龙常思考的一个问题就是，“如何让观众去剧场看我们的黄梅戏？”他认为，首先还是要出人，出好戏，出好作品。

“传统黄梅戏流传下来的有36本大戏、72本小戏，有相当大比例的都是悲苦戏，展现苦难的人们寻找精神寄托和慰藉。”国家一级作曲家、安庆市黄梅戏剧音乐学会原会长陈儒天认为，不少传统的黄梅戏剧目和当今的人民生活严重脱节，紧跟时代步伐的优秀剧目不足，成了制约黄梅戏演出市场发展的巨大阻力。

陈儒天说：“好的剧目是一个剧种发展的根基，黄梅戏的经典剧目无外乎《天仙配》《女驸马》《打猪草》等，但这些剧目反映的是农耕时代的生活，可能符合上个世纪50年代之前的审美需求，如今却难以满足观众特别是城市观众的需求了。而且，同一剧目反复演出还会使得原本兴致盎然的观众产生厌烦心理，更别提花钱进剧院看了。”

“黄梅戏以描写爱情、神话题材见长，若只谈传统就是一种落伍，黄梅戏要繁荣发展，必须跟上时代发展、把握人民需求，坚持以人民为中心的创作导向，不能再‘老戏老演、老演老戏’。”熊辰龙坦言。

工资少，待遇低，明天谁来唱戏

晚上的连台戏唱了近3个小时，结束已经到了晚上10点，台下的村民心满意足地散去，也有把板凳继续留在泥地上，准备第二天再来看的。

灯火通明的戏台熄了灯，融入无边的夜色。收拾完布景和音箱设备，王鹏和演员们一手捧着戏服和道具、一手握着茶杯，已是疲惫不堪，说着笑着打着手电筒，回到不远处的住处。

村里安排的住处是晏公庙简易的两间房，一间是食堂，一间是杂货间，每间房都不到20平方米，有的人直接睡在了灶台旁。

徐村离镇上比较远，村里也没有旅店。为了方便演出，剧团近40个人就挤在了这两间房里。大家用随身携带的床单作为屋帘，把房子隔成一个个相对的小空间，铺上辗转各地用的被褥和枕头。

“都习惯了！”唱完戏的演员们有说有笑，开始卸妆、洗漱。

“这算条件差的，但我们能接受。这屋里挤了十几个人一起睡，人多嘈杂，晚上12点之前根本睡不着。即便这样，两个屋还没装下我们剧团的所有人，有几个人去了戏台旁的化妆室，还有两个人去了1公里外的隔壁村。”王鹏说，奔波各地的黄梅戏民营班社都得吃苦，也吃得了苦，这次来徐村，光演员住宿安排就花了两个多小时。

团长王鹏住在其中的一间小屋，他把随身带的简易帐篷在屋内支开，整理完后一头钻进去便睡了。

新声黄梅戏剧团由王家世代经营。王鹏的母亲叶丽萍和父亲王才根都是当地有名的黄梅戏演员。

“记事的时候我就在台上开始唱了，放了假就跟着爸妈到处跑，台上需要小孩演员，大人们就往我额头上点颗红砂直接抱上去了。”从小在黄梅戏曲调中耳濡目染，王鹏对于黄梅戏有种天然的爱。

为了更系统地学习，王鹏 2001 年上了安庆市的安徽黄梅戏艺术职业学院。一届 100 多个同学里，现在只剩两三个人还在坚持演黄梅戏。

“院校毕业的学生很少会上民间剧团来唱，一是辛苦，一年到头四处奔波；另一个是国有团待遇不高，民间剧团赚得多却没面子，家里培养这么多年觉得没混出个名堂，所以能坚持下来的很少。”叶丽萍说，剧团近 40 人的班底里只有八九个是专业院校毕业的学生，其他的都是自学成才或家庭培养的草根演员。

在安徽岳西县大山里的一次演出让叶丽萍记忆犹新：“大冷天的，大雪封山，又不能演出。山区的农民穷，被子不多，哪里舍得借给我们盖？那里出奇的冷啊，剧团里小姑娘都冻哭了，没办法，把道具、服装丢在山里，包了一部车就出来了。遇到这样的情况，我们得倒贴许多钱。”

“说实在的，一些草根演员唱的不比科班生差，也有演出经验，对于我们剧团来说更具竞争力，也能拿到更高的工资。”叶丽萍坦言。

相比民间剧团演员高的一个月能拿七八千元的收入，国有剧团相形见绌。在安庆市黄梅戏艺术剧院，一般演员一个月拿个两三千元。10 余年来，剧团就因为待遇问题流失了 30 多位演员。

“2005 年毕业后，我在江苏盱眙县的黄梅戏剧团干过一段时间，当时县教育局给了教师编制，但工资实在太低了，第一个月才发了 873 元，到 2008 年也才 900 多元。”王鹏 2008 年离开盱眙接手了家里的剧团。

“收入和待遇得不到保障是当前很多国有剧团面临的问题，演职人员如何去坚持、去坚守？这是黄梅戏发展面临的一个现实问题。”开全疆说。

黄梅戏舞台剧《天仙配》中饰演董永的梅院军出生于 1980 年，如今已是安徽省黄梅剧院的主力演员，17 岁就从老家湖北省黄梅县来到合肥学戏。

“很多同学和朋友看我会有些奇怪，怎么会从事戏曲，说得不好听的还有戏子这么一种称谓。”梅院军对此倒并不介意，“干一行爱一行，黄梅戏是传统艺术，目前发展有一定局限，但我们有自己的快乐，在舞台上能散发光彩，一个作品取得成功，一出好戏获得共鸣，会有无可言说的成就感，是一件很开心的事。”

戏比天大，再苦也要唱好戏，但人才的紧缺和从业人员的待遇成了制约黄梅戏事业发展的重要因素。

“在创作、编曲、舞美、导演等人才方面尤为稀缺，剧团每排一出戏，要么是请退休人员，要么是出高酬外请。而在农村，情况就更严重了。民间剧团的演员大部分是艺术表演爱好者或者企事业单位的退休人员，缺乏专业训练。”陈儒天的话中不无忧虑。

“没有专业的创作人员，没有整体的创作团队，黄梅戏剧团很难在激烈的市场竞争中站稳脚跟。”熊辰龙说。

为了培养人才，安庆市不仅扩大了安徽黄梅戏艺术职业学院的招生，也在安庆大学开设了黄梅戏艺术学院。

国家一级演员江丽娜已转行到安徽黄梅戏艺术职业学院当老师。她说：“老一代演员很多靠自学成才，现在的孩子幸福，有专业的老师和良好的环境，出师后素质全面、唱演俱佳，很多已成为各大黄梅戏剧团的台柱子。”

“黄梅戏市场化，剧团和剧团之间的收入差距日益明显，演职人员的报酬自然参差不齐，大多数剧团的演职人员确实在干着一份守着清贫的工作。”汪志耿说，黄梅戏如何既“情感留人”又“待遇留人”，一直是我们研究和努力克服的问题。

汪志耿表示，从中央领导集体出席观看的“新年京剧晚会”变为“新年戏曲晚会”，让不同剧种、不同流派同台竞演、相映生辉，到中央深改办将“研究制定扶持地方戏曲发展政策”列入 2015 年的重点改革任务，国务院办公厅 2015 年 7 月印发《关于支持戏曲传承发展的若干政策》，我们已能强烈地感受到，党和政府把戏曲的保护、传承和发展，提升到国家和社会发展的战略层面，戏曲艺术正迎来一个繁荣发展的春天。

虽然黄梅戏的发展遇到不少困难，但在安徽：依然有几十个业余剧团不定期在市、县广场自娱自乐，数十万戏迷津津乐道、曲不离口；国有剧团依然时有脍炙人口的精品佳作；近百家民间剧团依然走在窄窄的田埂上，常年在全国各地巡回演出。

王鹏的妻子前不久怀孕了，她也是名黄梅戏演员，如今还跟着王鹏四处奔波。让孩子将来干什么，王鹏没有想太多，“如果没有太多选择，还是唱黄梅戏吧。”

夜深了，王鹏和他的剧团已经入睡，他们要为第二天的演出养足精神。结束在水阳的演出后，他们又要带上设备和行头，坐上两辆随行的大货车，奔赴浙江……

（本文作者系《人民日报》记者，文章载于《人民日报》2016年4月29日16版）

诗歌

赞明监察御史程亨

〔明〕刘若宰

文衡江右，武震蛮獠。
佥宪执法，直指功高。
俎豆乡国，天挺人豪。

访怀宁石牌恩师程从大

〔清〕张英

字山文海，语必惊人。
三试冠军，名笔永珍。
探本溯源，家乘大成。
汝阴秉铎，理学传声。

京城观看老乡皮黄演出

〔清〕檀萃

丝弦竞发杂敲梆，西曲二黄纷乱忙。
酒馆旗店都走遍，更无人肯听昆腔。

宜塘八景

姜首东

三桥流水

古镇河如织，清流架木桥。
平街照倩影，濯足喜阿姣。

六寺梵音

古刹钟声远，凡净了俗尘。
禅房传木鱼，明月照前身。

野渡晚眺

官渡客旅喧，风晚舟自横。
曦微极目寥，天低归鸟鸣。

中洲烟笼

水合平川流，沙聚洲自成。
竹烟村舍笼，欲晓雀呼晴。

鲇滩怪石

地骨临泉起，云赠化作鳞。
乘风斗上水，苔石雨逢春。

猫山奇云

为王人称贵，有仙山自名。
登高一长啸，云起谷峰惊。

湖光月白

皓月明如许，渔歌互答来。
清风三弄笛，神墩如蓬莱。

官坝风轻

牧笛横牛背，绿荫堤上归。
春风何怨柳，不觉杏花飞。

戏曲之乡

何玉龙

古树一枝生两果，徽班大紫引黄梅。
进京国粹成先祖，问世名伶领戏魁。
十里花腔皆老少，一台锣鼓遍村埃。
成班数典岂无石，史上双瑰岁岁开。

皖河柳

孙必泰

皖河边一排排绿杨柳，长长的丝条美丽又轻柔。
晨风梳理她飘飒的长发，河水映照她苗条又清秀。
呵，皖河柳，皖河的女儿，为打扮家乡的景色添锦绣。

当山洪暴发的紧要关头，你却肩并着肩手挽着手。
挡住了恶浪一次次冲击，使大坝安然无恙牢固如旧。
呵，皖河柳，皖河的女儿，为保卫家乡的田园顽强战斗。

楹联

店铺楹联

天将锦绣春归我　长以奇珍味与人

（丁字街“盛天长”大商行）

开满琼筵坐花醉月　一经香茗道地谈天

（新民街三元桥南岸“开一天”茶庄）

如此楼台如此酒　意中风月意中人

（后街“如意馆”）

大好河山金汤巩固　昌明世界玉烛调和

（正街大昌杂货糕饼店）

人寿民康一元复始　风和日丽万象更新

（仁和堂大药店）

存其心养其性　仁如天智如神

（存仁堂药店）

皖水第一　大陆无双

（上石牌筲箕山水陆集）

永占大有　昌庆其祥

（后街永昌祥南货店）

大展鸿图经纶富有　成功锦绣司马文章

（正街大成绸布店）

公道由我　义礼丰年

（前街公义粮行）

中不偏三餐足食　和为贵大道生财

（永兴街中和米行）

春日安芳圆天不夜　和风吹启吉祥艳花

（后街春和烛坊）

三五良宵明月夜　大千世界百花新

（半边街三大砻坊）

同气相求高怀管子　德门大启新人文昌

（正街同德昌大杂货店）

无虑无忧论大事小事哼两句黄梅解疲惫

自由自在聊奇闻妙闻泡三开春茗提精神

（早市茶座）

梨园楹联

梁镜悬窗一女梳头三对面　孤灯挂壁二人作揖四躬身

（怀腔《双合镜》）

菜籽开花犹如金钱坠地　菖蒲出水胜似宝剑朝天

（怀腔《牌环记》）

平地栽桑桑生叶叶养蚕蚕吐丝丝织绫罗绸缎

高山打兔兔长毛毛扎笔笔蘸墨墨写锦绣文章

（怀腔《赶子图》）

前日是九九图消且观箫韶九成凤舞鸾仪亲九族

今朝正三三节近特唱阳关三叠莺歌燕舞报三春

（石牌戏园）

台上莫漫夸纵做到厚爵高官得意无非俄顷事
眼前何足算且看他抛盔卸甲下场还是普通人

管弦诚悦耳演历史人物兴衰成败可歌可泣不愧为梨园风貌
锣鼓最提神扮曩昔名流善恶昭彰惟妙惟肖更堪称优孟衣冠

帷幕渐开生旦净丑竞艺使出浑身解数招来了接踵摩肩观众
乐场突出锣鼓管弦争鸣奏成悦耳嘉音吸引着蜂屯蚁聚人们

（石牌花戏台对联）

寺庵楹联

泪酸血咸悔不该手辣口甜只道世间无苦海
金黄银白但见了眼红心黑哪知头上有青天

（后街城隍庙）

生不拜爵死不受封虽浩劫换红羊终落得烈胆忠肝常把完人为活佛
古之良臣今之和尚非真经宣白马怎留些慈云法雨曾传哲嗣出将军

（张家坛东储宫）

修持五十九年既悟得大智光明何必问北阙金枝东宫玉叶
经历千百万劫仍留着本来面目这就是西方菩萨南国慈尊

（太子庙大殿）

地狱未空誓不成佛　众生度尽方证菩提

（普净寺地藏殿）

为弘扬佛法千难万险何所惧　要普度众生三界五趣出沉沦

（九华庵大殿）

传说

鲇鱼头的传说 相传远古时期，石牌地区有一怪异鲇鱼：四足、人面、青背、红毛，叫声惨厉，藏于程家山石穴中，昼朝日啸，夜望月窜。那时，这里方圆数百里一片荒芜，怪鲇鱼常兴风作浪，洪水泛滥，水灾连年。

公元前21世纪，大禹治水，闻知此处常发水患并有怪鲇作恶，便令一官吏到此地放猫窥捕，安笼、设网抓捕此怪，并筑塅、放簰搜寻拦截怪鲇。一面开河引洪，一面封堵洞穴制服怪鲇。这里平安了，猫变成了现在的猫山，河之南岸隆起了绵绵叠叠的岩群，今天的鲇鱼头仍保留在皖河边。

茫茫岁月的更替，人口变迁繁衍。百姓居住村落沿旧说命名，至今石牌周边仍有"三网""三垄""五塅""十牌""一猫山"。

三网：姜网、小网、巨网；

三垄：产家上垄、中垄、下垄；

五塅：邵塅、潘塅、杨塅、邱塅、周塅；

十牌：上石牌、下石牌、杨家牌、陈家牌、汪家牌、程家牌、李家牌、鲁家牌、钱家牌、苏家牌。

麻塘湖的传说 很久以前，玉皇大帝安排一条黑鱼（有的地方叫乌鱼）与一条蛇在石牌麻塘湖中修炼，由于修炼不够专心，心生邪念而走火入魔，逐渐变成了乌鱼精与黑蛇精。上天见二者修炼不诚，遂下令再续修五百年。它们不堪忍受修炼的痛苦，或许是对未来已经失望，恼羞成怒，无心修炼。不高兴时，就呼风唤雨，恶浪滔天，让周围的村民无法生存。后来它们越来越狂妄，竟然进出天庭。村民祈祷上天，希望能够降服它们，玉皇大帝闻讯，下令雷公电母前去收服那两个妖孽，趁它们上天之际，瞬间雷雨大作，乌云遮天蔽日，一声巨响，雷公把黑鱼精劈死，电母把黑蛇精劈成七段投入水中，成了湖中一处小岛。

太子河的传说 石牌东南三四里处有条小河名叫太子河，河上有座桥叫太子桥。为什么人们把这不起眼的小河叫太子河呢？说来话长。

相传明朝末年，这地方有两座小庙。一座在小河南岸的张家坛，另一座在河北五六里的高庙山。那时候连年灾荒，加上苛捐杂税，民不聊生，人心浮动，社会动荡不安，小庙逐渐破败。在传闻李闯王杀进北京城、崇祯帝吊死煤山、太子潜逃的时候，这里来了两个逃难的人，削发为僧。一个皮肤白皙的年轻人住进了张家坛的庙里，一个四十开外体魄健壮的人住进了高庙。

中年和尚每天都要去看望年轻和尚，还替其打柴担水，态度十分恭敬。人们好生疑惑，便问起他们的来历，有的竟当面半真半假地说年轻和尚就是太子，他们总是双手合十，俯首念声“阿弥陀佛”，避不回答。

不久，李闯王兵败，清军入关，长驱直入，人心惶惶，不可终日。一天，一小股清军经过高庙附近郝家山一带，所到之处火光冲天，哭喊声震地。忽然，一个大汉冲杀过来，清兵仓促应战，死的死，逃的逃。大汉又带头奋力救火，大火扑灭了，烟雾中，人们认出了那正是高庙的和尚。

从此，人们越发觉得这两个和尚的来历不同寻常，想知道他们的底细。一个晴朗的上午，中年和尚又到张家坛庙里去了，有一个人想跟进去看看，可是庙门紧闭。那人好奇，便爬上墙外一棵树，探头向小院里望去，只见一片金光闪烁，那里正摊晒着一件袍子，袍子上的金龙在阳光的映照下，反射出耀眼光芒。

原来，那年轻的和尚真的是潜逃的太子。李闯王杀进北京城的时候，崇祯帝见大势已去，便把太子托付给一员武将，叫他们潜出京城逃命。他们一路奔波，历尽艰险到这里的时候，盘缠用尽了，不知如何是好。想起临行时崇祯帝交给他们的一个锦囊，便打开一看，只见里面放着一束头发，领悟到这是崇祯帝叫他们在走投无路时隐姓埋名，削发为僧，于是他们就分别在这两个小庙里安身。

若干年后，两个和尚先后圆寂，肉身不腐，成了肉身菩萨，远近闻名。这就是太子河、太子桥、太子庙得名的由来。

龙凤贡面的传说 北宋年间，石牌有一老汉，姓潘，人称潘大爷，老伴去世多年，膝下一子。父子二人以开面坊为生，做出的面条（那时人们叫汤饼）远近闻名，无论哪家做寿或者生小孩，都到他家加工汤饼。潘大爷父子待人心诚，不赚暴利，生活并不富裕，只能将就度日，很受人尊重。

一天清早，潘大爷父子刚刚起床，同村财主家的总管就到门前，十分客气地说："潘大爷，我家老爷有请！"潘大爷父子收拾整齐，随同总管到财主家，财主起身相迎，吩咐上茶。落座之后，财主开言："潘大爷，今日相邀，有事相求。在下的叔伯，在朝为官，今年六十整岁。我想去祝寿，只是无好物相送，想请你做汤饼如何？"潘大爷心想：平日财主欺霸乡邻，无恶不作，今日如此款待，正不知缘故，原来是有求于我，本不愿答应，但财主的叔伯在朝中为官清正，很是受人尊敬。昨晚做一梦，梦见一白发老翁到我家，指着汤饼说："明日将有人请你做汤饼，可趁机使你家独传佳品得以闻名天下。"大爷正在犹豫，白发老翁已飘然而去，不想今日应验，再加上汤饼制作，虽从东汉时起，祖传我辈，但从未进京，正好借此机会一试我家祖传食品的声誉。想到这儿，满口答应，与财主约定，回家加工。

潘大爷做好汤饼，用竹篓装好，送到财主家。财主立即派人带着汤饼和其他贺礼进京。

京城这位大人大宴宾客，文武同僚纷纷而至，寿礼堆积如山，山珍海味俱全。众客到齐之际，一位同僚提议："大人今日高寿可喜可贺。我等无什么特殊之物相赠，请大人包涵。只是卑职多次耳闻，大人出生宝地，有一特殊珍品，乃东汉相传至今，其做工精细，十分了得。卑职以为，今日府上一定会有，同僚观之如何？"大人听了为难，听内侄上次说家乡确有此物，不知为何，今日内侄尚未到府。正在大人为难之际，门卫来报："门外有大人的内侄送贺礼至，请吩咐。"大人一听，大喜过望，立即吩咐拿出汤饼展示于众。同僚观之，只见白如银、细如丝，有触动五腹之感，俱惊讶，赞叹不已，大人即刻吩咐将其煮来权当小点。不一会儿，汤饼煮熟端上，众人如风卷残云，吃完后还意犹未尽。

事后众人一传十，十传百，于是汤饼在京城名声大振。皇帝也知道了。这天，皇帝赵匡胤早朝，问众臣："各位爱卿，孤听说京城近来有一食物，引起臣民哗然，不知何道理？有哪位知情者奏之。"财主叔伯只得如实禀奏，并将家中仅存汤饼献上。皇帝观之，果然不同凡响。吩咐煮来，当众食之，赞不绝口："真乃神仙食物也！"随手拿起御笔下了一道诏书：此物神奇，做工精细，食后余味无穷，特赐名"贡面"，年年进贡。

顶雪贡糕的传说　顶雪贡糕是石牌传统食品，历史悠久，工艺独特。传说，北宋皇祐三年（1051），大诗人王安石出任舒州通判。这天，他兴致勃勃地漫游安徽名山——天柱山，一路上诗兴大发，留诗飞来峰，独步试心桥。正欲下山时，被一山冈的景色迷住了：一片片白白的沙粒，闪着十分耀眼的荧光，这正是潜阳十景之一的“天柱晴雪”。他正流连忘返时，随行差人禀报：“石牌地方的工匠仰慕大人的盛名，特地给大人送来一些精美的糕点，并请大人命名。”王安石喝一口天柱山泉水，随手拿起一块雪花米糕，轻轻一闻，香味扑鼻，咬一口，鲜美可口，实在是色香味俱全。望着眼前那雪光盈盈的沙冈，再瞧手中这色如山顶白雪般的米糕，王安石脱口而出：“奇哉，妙哉，真乃‘顶雪’也。”从此，“顶雪糕”就在人们中间叫开了。

后来，王安石离任，石牌的老百姓为了感谢他，又专门赠送他一担“顶雪糕”。王安石回京，将“顶雪糕”送给神宗皇帝，宋神宗尝了“顶雪糕”便龙颜大悦，一道圣谕发下，“顶雪糕”封为“贡糕”。命地方年年进贡，不得有误。从此，石牌的糕点业大盛，大大小小的糕饼坊纷纷涌现。到了明末清初，石牌的糕点供不应求。

清光绪元年（1875），徽州太平人盛梓元在下石牌丁字街开设“盛天长”南北大杂货号，其糕饼坊在石牌规模最大，有师傅、工人30余人，日产300条糕，年终时达千斤。当时的“顶雪糕”用特制的糕米陈粉和精糖配制而成。后来从江苏丹阳请来一位叫尹维炳的糕点师傅，在原配料的基础上，又佐以其他辅料，使质量更上一层楼，有“天长糕片搓成筒，燃着当媒子（纸捻子）抽水烟”之美誉。

刘若宰夺魁“滴”状元 相传，刘若宰参加殿试后，根据成绩，本应夺魁。可皇上一面爱慕他才华出众，一面却又嫌他貌不惊人，意欲点他外甥为状元，就找了个借口跟他说：“安庆很小，且无名胜景地，不可点元。”

聪明的刘若宰沉思片刻，胸有成竹地奏道：“启禀皇上，安庆虽小，位置极为重要，地据长江中游，屏成江淮保障。上有七里长亭，下有五里大庙，日有千人作揖，夜有万盏明灯。风景甲天下，文物冠京华，真是人杰地灵、物华天宝的好地方，何以不能点元呢？”

这一席话，虽系虚言（七里长亭和五里大庙是在清朝以后，人们根据状元与皇上的对词，在七里湖和八里湖之间建立的，今遗迹尚存），但词锋锐利，寥寥几句，把个安庆夸得神乎其神、美妙至极，博得皇上“啧啧”连声，无言可辩，信以为真。

皇上手提朱笔，疑疑惑惑，不知点谁为好。说也凑巧，皇上正举笔欲点，无意中一滴朱红恰好滴在刘若宰的名字上，红艳艳，光闪闪。正是：水到渠成，时到花开。

皇上见此情景，暗自思忖：刘若宰是该点元的！便连忙探问他："刘若宰，我问你，新科状元是'点'为大，还是'滴'为大？"

刘若宰才思敏捷，心想，从古到今只有"点状元"，从没听说"滴状元"的。今日皇上问得蹊跷，其中必有缘故。他恍然大悟，"滴"与"帝"同音。啊！皇上别出心裁，试我心机。于是，便恳切回奏："千古以来，只有帝（滴）为大。"

皇上听了，暗自惊叹，一时语塞。站在龙案边的一位大臣见皇上愣住了，又见刘若宰生得一副奇相，即出一联："驼背桃树倒开花，蜜蜂仰采。"借联嘲笑刘若宰，好给皇上解围。不料，出口成章的刘若宰，不假思索地答对："扭颈莲蓬欲结子，鹭鸶旁观。"刘若宰顺理成章，反唇相讥，嘲弄了对方。这位大臣自知没趣，暗暗敬服，深知自己不是对手。皇上龙颜大悦，赞曰："真是天衣无缝的绝对。好！好！"就这样，刘若宰殿试夺魁，鱼跃龙门，被皇上"滴"为状元。

杂记

徽郡风化将颓宜禁说

〔清〕汪必昌

乾隆甲戌，予生也。幸周矣，风霜饱历，南北往来，世之苦言乐也，甘言疾也，劳者寿也，逸者夭也。平时娱目爽心，日久方知受害。予司太医之职，常存割股之心，毫无补于我乡，罔生有我！寻思医者，意也，必揣其致病之因而后治，不然如愚迷径，无处问津。考验风俗，吾徽赖守文公《家礼》，世称淳朴，毋逾徽州；孝悌忠信，毋逾徽州；聚族而居，首重礼乐，毋逾徽州；男子为客，女流治家，人伦不紊，毋逾徽州；千百年鼻祖坟墓，祭祀不殆，毋逾徽州；无祀孤冢，人不侵害，毋逾徽州；赋性纯厚，畏跪公堂，逢争必让，恐失为终身之玷，顾名思义，毋逾徽州。或有不正女人，数十年仍挂诸齿，女伴中愧无偕行，廉耻之重，毋逾徽州；设有背礼者，家法惩治，重者逐出宗祠，祖宗模范，毋逾徽州。更有孤置无依之儿，宁苦不使下役，一得生机习学，即便成立，门闾复大矣！昔者侧闻古之遗风，殷实之家，尽皆布素，不轻绸缎；士农工商，各守本业，耳无管箫之声，目无靡曼之色。大家小户，无不崇礼让之风。只缘僻处山居，世受国恩深重，无兵革之患；地窄人稠，生男志皆四方。礼乐规矩，父教者鲜，母训者多，毫无暴殄之习，各村气象，蒸蒸可爱。今忽失古，变为贫困交加之甚也，何故？盖染时气使然。夫时气者，高粱之化也。富能生病，病即生贫，贫则各不相顾。忆昔四乡八镇，读圣训，讲乡约，畏民懒惰，恐忘忠信孝悌之风，迩不奉行，辄爱烧香游玩。世间人情本好安乐，劝勤劳之不暇，而反诱以风流戏，虽上知亦不驱而自赴，况瘠土之愚，安能不淫佚而懒惰耶！古者生意兢兢，元气保固，今如敝屣，四乡贫病也宜哉！然则此风起于何时？予记垂髫，乃乾隆廿六七年，安庆班之入徽也，各村拥挤，时先君子闭户养亲，兼课孙子，闻之喟然叹曰：从今乱吾郡之真者，鼠辈也。自兹厥后，人思华丽，非病根乎！或笑曰：予徽风化，不言天气，不归地运，而责安庆班，莫不昔年弗演戏乎？曰：演。谁不识徽处万山，无田可耕，无锦可织，河乃山溪，岸即山脊，女子居家，仗勤劳以抚宗祧，男儿客外，恃辛资以供家室。粮食仰望乎江西，货物希图于闽浙，家家商贾奔四方，人人银鬓思还乡。徽民土著，离乡背井，未有不劳力劳心者也。聚族一村，莫不尚义，每岁乡人傩所串土高腔，所演忠孝节义。后之作俑石牌班，坏风化之渠魁，名曰乱谈。无曲文，喊街调，淫声淫式，无所不为，当场教演。人爱看，众乐观，伤天地之和而不知，礼乐倾堕全不省。贤者观之，则损其德；愚者观之，家资如土；妇人观之，廉耻渐失；女儿观之，引动春思。似此兽行之剧，败坏人伦，竟无贤明起而禁之！非无贤明，明知故昧，不亦悲夫！予在京甫逾廿载，兹回南葬亲，老成凋谢。四乡十室九贫，米珠薪桂，纲常不整，礼乐倾颓。呜呼！今时各村，不必问其殷实，但看衣食，几户无愁？有工佣者呼为上等，其余不揣时流，索居闲处，并不侵入，惟自践踏，先戕坟山荫木，继毁祖旧田庐，兄弟叔侄抚膺。其末如何？周恤而闲居跻跻，安之而基业寥寥。昔年亲友客四方，投奔有靠，今也六亲一脉，彼此无门，譬如大厦已倾，虽英雄而无庇。巨树已折，即凤凰亦无栖。总之，一家富，不如一村有生路。今大众无依，各不相顾，虽曰地运，实由禽戏所伤。若遵古训兢兢，何至闲处！更有游人之徒，不以乡野之穷，仍演名班为炫彩，岂知虚症已羸，朝不保暮，蔓苓耆木，补救不遑，何得常饵巴黄，是速死而速朽矣！时下贤哲可曾觑破此机，以为然乎否乎？若以为然，关乎一郡风化，虚弱已极，治之不易。予诊营血虽衰，骨气未改，治当清源，庶乎可转。其挽回天道，垂救群黎之处，惟厚望于吾乡郡邑贤侯，及各村明哲，俯念地方屋毁七八，民不堪命，皆由石牌班坏礼乐，堕人伦，抽人脑之所致。知者惑之，愚者迷之，而今而后，凡遇神剧，尽不可演。纵演，不用乱谈腔以伤风化。一乡能禁，则各处皆然；各处皆然，则阖郡皆然。殷实仕宦之家，尤宜倍加惜福。如是，一二年间，则乱谈无处谈，无处谈即无引诱，无引诱则古风可复，古风复则后起者守分，能守分则衣食自全，衣食全则向礼义，向礼义则廉耻顾，廉耻顾则仁心、恻隐心、羞恶心皆萌，而村村族族，元气自复矣！一家仁，一国兴仁之谓也。若以予言为否，任其自鸣自息，惟睹昔年山清水秀、人物精神，莫逾吾郡，今时虽馁之形，亦莫逾吾郡。现在大势，知者逃，仁者奔，愚者死绝，苦于人莫知觉。噫！予愧一生不偶，今迈矣！无能为也已，何必作杞人忧，谆谆苦口！第怜山野乡隅，民无生计，向以山樵度命，国恩设有职守，以杜奸藏。近四十年来，守黄山者，私离衙署，致奸究私种包芦，大受包芦蓬之害。山树毁尽，山土挖松，河道淤塞，山穷水尽之际，龟玉毁椟，竟忘专责，未见严禁，反成例规，再不警省，人尽沟壑，岂不哀哉！天和好生之德，使予效时蛊以陈明，抑或吾乡鉴予唾予，予何敢辞！予在内廷宫值，窃窥南府、景山两处，教习高、昆二腔，讲曲文，究音调，辨字眼，言关目，忠孝节义之剧，尽善尽美，未闻乱谈。谁识徽处山僻，放浪形骸，竟容乱谈以伤风化！尤可恶者，昔年逐出徽境之班，到处不称安庆、石牌，而曰徽班，岂我徽郡礼仪之邦，而出此禽兽演串不肖之剧哉！真可恫也已！

岁在嘉庆壬申中伏，日欲西潜燕亭氏汪必昌因入都顺长江，感慨故里，谨述于扁舟之中。

［该文为清嘉庆年间（1796—1820）手抄本，原文藏于安徽博物院］

评《徽郡风化将颓宜禁说》

朱万曙

清嘉庆年间（1796—1820），歙县潜口人汪必昌所著《徽郡风化将颓宜禁说》，是研究徽班和“花雅之争”的重要资料。

这篇宜禁说痛心疾首地将徽州民风的浇漓、生活的贫困都归之于戏曲的流行，同时它也透露了大量戏曲史的信息。

首先，“安庆班”也叫“石牌班”，他们所唱的腔调是“乱谈（弹）”。文中说道，徽州本来“每岁乡人傩所串土高腔，所演忠孝节义”，“后之作俑石牌班，坏风化之渠魁，名曰乱谈，无曲文，喊街调，淫声淫式，无所不为，当场教演，人爱看，众乐观，伤天地之和而不知，礼乐倾堕全不省”，这就印证了李斗所记载的“花部”地方戏汇集扬州，而这些地方戏又“统谓之乱弹”的历史事实。李斗说，“安庆有以二黄调来者”，入徽的“安庆班”所唱的也是“二黄调”，即后来所称的“徽调”。汪必昌说它“无曲文，喊街调，淫声淫式，无所不为”，和他看过的高、昆二腔“讲曲文，究音调，辨字眼，言关目，忠孝节义之剧，尽善尽美”显然大相径庭。

其次，汪必昌说，“尤可恶者，昔年逐出徽境之班，到处不称安庆、石牌，而曰徽班”。关于“徽班”名称何时出现的问题，于质彬先生在《南北皮黄戏史述》一书中曾经对有关资料加以梳理，认为是初刻于清道光八年（1828）的张际亮的《金台残泪记》最早提出“四大徽班”名称的，但是，何时有“徽班”之称则不明确。“四大徽班”中的“三庆班”是清乾隆五十五年（1790）进京的，到张际亮撰《金台残泪记》的时候，则有了“四大徽班”之说。而从汪必昌的记载里则可以知晓，在嘉庆年间，安庆、石牌艺人已经广泛地将自己的班社叫作“徽班”了。值得注意的是，他说“昔年逐出徽境之班”称自己为“徽班”则说明在他写宜禁说之前，也就是清嘉庆十七年（1812）之前，就有“徽班”的名称流传了。由此，“徽班”的历史应该可以上溯不少时间，而且除了后来见于记载的“四大徽班”外，流传各地的“徽班”可能也不少，很值得戏曲史研究者加以留意。

再次，从文后的题署可知道，汪必昌是嘉庆壬申年撰写的这篇宜禁说。但是，文中回忆到乾隆二十六七年，就有“安庆班之入徽”，并且在徽州受到“各村拥挤”的欢迎。我们知道，“安庆班”之到扬州唱响，按照李斗在《扬州画舫录》里的记载推测，当在乾隆三十年（1765）至乾隆四十年（1775），而在此之前或同时，“安庆班”已然“入徽”，这说明安庆艺人前来徽州献艺的时间比前往扬州还要早，至迟是时间相近。

最后，汪必昌之文还透露出了徽州人喜爱“安庆班”和“乱谈（弹）”的信息。无论如何痛心疾首，唱“乱谈”的“安庆班”或“石牌班”不仅很早就进入了徽州，而且在徽州受到了广泛的欢迎，“各村拥挤”，“人爱看，众乐观”，“更有游人之徒，不以乡野之穷，仍演名班为炫彩”。尽管他痛惜徽州人观看“安庆班”的演出后“伤天地之和而不知，礼乐倾堕全不省”，甚至将徽州的礼崩乐坏、村落凋敝都归咎于“安庆班”，还写了这么一篇宜禁说以图“诊治”，但“安庆班”带到徽州的徽调却永远地驻留于徽州，并成为徽州文化的组成部分。这从另一个角度提示戏曲史研究者，“花雅之争”恐怕不仅仅在城市的舞台展开，在乡村舞台上，“花部”对于观众有着更大的吸引力。这也是“花部”终究战胜“雅部”的重要的内在原因之一吧！

（作者原为安徽大学徽学研究中心教授）

名人与名镇

石牌，人杰地灵，民性宽厚。自古以来，崇礼法，尚节义，喜攻书，好研艺，乐农桑，勤耕织，善商贾，巧经营……独特的人文精神和文化氛围，孕育出许多杰出人物：或为国家功臣，舍生取义；或任职一方，政绩卓著；或兴教育人，造福后代；或救死扶伤，广施仁德；或精绝艺术，德艺双馨；或经商有道，乐善好施；或才华横溢，学富五车；或术有专攻，业蔚国华。

名人传略

刘尚志（1542—1623） 字士行，号景孟，年幼聪慧，资质过人，过目成诵。明嘉靖三十年（1551）入大丰社学，后入县学、府学，师从诸锐、颜恂。明隆庆五年（1571）进士，同年十月任归善县令。明万历十年（1582），吏部文选郎中孙月峰考核刘尚志，对其嘉誉颇甚，翌年荐其任刑科给事中。万历十五年（1587）至万历三十三年（1605），先后任浙江按察司副使、江西布政司参政、福建按察使、浙江右布政使、山东左布政使。从二品衔，寿八十二。

《怀宁县志》记载刘尚志有子十二人。若宰状元，行四，若宜进士，行八。长子若宽廪监生，五子若寓庠生，六子若寅，郡廪生，赠刑科给事中；九子若寰、十子若安、十一子若宝、十二子若宅，庠生。有女四，皆知书达礼，大家闺秀，均嫁入官宦人家。刘尚志的儿女亲家，均为怀宁达官显贵。

刘尚志作为朝廷言官，直谏进言，不结朋党，忠于职守，性情耿介率真。万历十二年（1584）在安庆府宅前街建“黄门司谏，青锁纳言”牌坊，直白地告诉世人自己是皇帝谏官。回归故里后，心系百姓疾苦，注重农桑水利，兼顾海防兵备，重教兴建学宫。万历十二年徐渭撰写《山阴刘侯去思碑》碑文。

潘嘉辛（1589—1662） 字忠懿。潘氏余庆堂宗谱记载：潘嘉辛“天资颖异，膂力过人，韬略弓马，莫不精习。万历乙卯武魁，咨送本兵擢用，轻裘缓带，有古儒将风。崇祯丁丑，史相国可法抚皖讨贼，长驱至石镇，贼猖獗，相国被困。嘉辛单骑驰救，获免。相国器之，赠以佩刀，将欲大用，不果”。郡侯赠“魁材炳焕”匾额。

潘嘉辛“平居天性仁厚，教亲敬长，睦族和众。念宗族日繁，编次家乘，已经成帙，惜遭兵燹散失”。每逢大灾，潘嘉辛贷以灾民钱资，不能偿还者，焚其借据，桑梓仰其德，赠以“义高一方”匾额，世称“潘高人”。

刘若宰（1595—1640） 字胤平，号退斋，明末文科状元、书画家。

刘若宰是刘尚志第四子，性明敏，数千言能立就。明天启七年（1627）中举，明崇祯元年（1628）中一甲状元。

刘若宰殿试后，由明毅宗亲自测卷点魁，先阅了13份卷，认为刘若宰最好，一直校阅了63份，还是他居首。次日皇帝上朝高兴地告诉群臣："刘若宰真状元也！"

刘若宰点元后，即授职谕德，充日讲官，当皇帝老师，退休时升侍讲学士。有一次，他主讲《修己以敬》章，皇帝听讲过久有些疲劳，背倚龙椅，跷起二郎腿，他马上援引《五子之歌》规谏说："为人上者，奈何不敬！"皇帝听了有所触动，重新端坐听课。

崇祯十年（1637），刘若宰荐举安池道监军史可法"智勇忠介，具经济才"，可任皖巡抚，皇帝"嘉纳"，予以升擢；次年，又荐江宁主簿阮之钿忠贞笃实，任为湖广谷城知县。两人后均忠于明室，以全节终。

刘若宰工书法、山水画，楷书行草，无不精绝，戏作墨花亦颇有别趣。安徽省博物馆藏有他的行书轴、山水轴。

崇祯十一年（1638）秋，因母病，他一连5次上疏请求归养。得皇帝允许并赐银币归里。崇祯十三年（1640）正月刘母病故，同年四月十三日，刘若宰因劳疾去世，时年45岁，死后追赠"詹事"。安庆市状元府宾馆，就是以刘若宰府第命名的。

姜筠（1847—1919） 字颖生，别号大雄山民，清光绪十七年（1891）举人，官至礼部主事。姜筠工书画，书法学苏轼，兼善篆刻。山水专学王翚，笔墨浓重，苍润古秀，殊乏清疏之气，间作花卉。工写兼至，别有韵味。姜筠作画师法古人，又不拘泥古人，在借鉴古人笔意上又力图摆脱古人，从而寻找自己的绘画道路，代表作为《深山白云图》。

姜继襄（1860—1933） 字曙东，号劲草词人，别署曙叟，近代戏曲作家。祖父姜凤仪，官至四川广安州知州，父姜韵清，任职于凤仪官署。

清咸丰十年（1860）十月，姜继襄生于四川，其后随父回石牌，居自家府第愚阿楼读家塾。清光绪二十年（1894），姜继襄与堂兄姜赞襄同科中举，分发到宿州任教谕，光绪二十六年（1900）秋进京，时值义和团与八国联军作战，姜继襄获官诰，辗转数月，才到湖北荆门州任州司，历时5年有余。由湖广总督张之洞保举，升任武昌府同知，在任2年，又左迁钟祥知县。清宣统元年（1909），任江宁知府。辛亥革命后，任湖北罗田、黄安等县知事。1921年，卸官归故里，住石牌姜网姜家新屋，翻修扩建祖屋，命名为“劲草堂”，将书斋命名为“还读楼”。因身患风寒病故。

姜继襄一生著作甚多，有笔记《芝休》多卷，诗集1部(《劲草堂诗集》)，传奇剧本3部(《金陵泪》《汉江泪》《梧桐泪》)。姜继襄在中国戏曲史上的地位，学术界多有研究,《中国戏曲志·安徽卷》《中国曲学大辞典》《晚清民国传奇杂剧史稿》《清代官员履历档案全编》《安徽古代文人曲家剧作文献研究述论》等均有记载。

陈我鲁（1882—1953） 原名萼楼，字凤栖，出生于一个清贫的知识分子家庭。父亲是秀才、塾师。陈我鲁少时聪颖，博闻强记，名闻乡里。以优异成绩考入安徽省高等学堂，通日语、英语、数学，兼习水利工程。毕业后，由宗族公筹经费，助其东渡日本，留学深造。归国后受聘于阜阳中等学堂任教。后历任安庆六邑中学、安庆女子中学、怀宁中学校长、教导主任。在六邑中学任职时，曾受安徽省政府命赴日本考察教育。

陈我鲁主持校政，亲自教课，长于数学，尤精几何，时人称之为“陈几何”。著有《几何初探》《平面几何释疑》等书。抗日战争时期，安庆被日军占领，怀宁县治迁至石牌，青年学子多失学，陈我鲁与数学教师陆雨谟、英语教师徐鸣皋等办初中，为失学青年补习国语、英语、数学。后又在永固村办天青小学，一律不收学费。为解决石牌附近小学毕业生升学问题，联合开明士绅傅正华、陈声鹏、汪乐天等捐资创办湖滨初级中学（我鲁中学），为当时高一级中学输送了不少优秀人才。

1931年石牌地区遇大水灾，陈我鲁急民之所急，忧民之所忧，积极捐款，赈济灾民，并积极兴修水利，领头修筑官坝，建朝天闸，抗洪排涝。1934年旱灾时，为灾民施粥饭，治病痛，并资助困难者自谋生计。1946年民国政府加征安庆地区国税田粮，高至原来的3倍，官府催逼，民不聊生。陈我鲁约全区六县知名人士联袂至南京与国民党政府据理力争，人民负担终得减轻。同年，被推为怀宁县参议长，不久辞职。

陈我鲁洁身自好，建小楼于石牌东港村，题额“洁庐”。

刘贻燕（1885—1966） 字式庵，公路专家。幼年随婶母在安庆清节堂小学、凤鸣学堂读书，安徽高等学堂肄业。因学业优异，学部奖授贡生。清光绪三十四年（1908）选送日本留学，在早稻田法政速成科毕业。清宣统元年（1909）考取官费生，在英国格拉斯哥大学学习。1912年复赴英留学，1919年从在格拉斯哥大学毕业，获工科学士学位。1922年在今东至县大渡口镇创办工业专门学校，任校长。后任北京农业大学、北京大学教授。1927 年任浙江省建设厅技正、浙江省水利局局长、杭州铁路局副局长。1932 年任安徽省建设厅厅长兼安徽省公路局局长，先后主持修通安徽南北几条主要公路干线，建立省内公路交通网，并完成苏浙皖三省联络公路。1934 年在安庆设立省科学馆，建立安徽省首座广播电台。1938 年在重庆任国民党政府经济部委员，次年任中央技艺专科学校校长。1940 年任西康省建设厅厅长，主持修建康（西康）滇（云南）公路。1948 年任黄泛区复兴局局长，修复黄河决口。1950 年任上海扬子木材公司稽核。1951 年任交通部中国建设总公司上海办事处工程师，1956 年任上海市文史馆馆员。1966 年病故。

潘柳村（1888—1955） 又名潘上熔，毕业于安徽省政法学堂。1914 年考取县知事，分发奉天省补用，旋任锦西县司法官，后升任锦西县知事。曾任湘皖军事参议顾问，参与训练新军。军阀刘振华割据安徽时，他参与军事驱刘。1921 年许世英任安徽省省长，聘其为省参议，举家迁往省会安庆状元府街。

五四运动期间，潘柳村在北平与同乡陈独秀相聚，志趣相投，积极支持陈独秀办《新民报》，任编辑。

1938 年 6 月 12 日，日本侵略军攻占安庆，柳村举家迁回怀宁，先后在小市杨旗山、平山潘河居住。国难维艰之际，协助新四军筹集粮饷，动员乡里子弟参军，并组织县自卫队，自任队长，配合抗日。

由于家乡地处皖河岸边，地势低洼，常遭洪水侵袭，雨季一片汪洋，为免遭洪灾，筑堤挡水，潘柳村四处奔走筹款，在广大父老乡亲的支持下，历时两年，筑成“潘圩”。

盛朝瑞（生卒年不详） 泾县人，清末副榜。民国初到石牌经商，系石牌“盛天长”商号老板，曾任石牌商会会长。为人乐善好施，热心公益事业。1927 年 7 月 4 日，皖河官坝溃破，石牌一片汪洋，捞浮尸 60 余具，盛朝瑞出资殓埋。1934 年，石牌大旱，颗粒无收，老百姓扶老携幼，流落街头。盛朝瑞从外地购买大米运回石牌，在新民街设“施粥场”，每天供粥两餐。施粥时间一年多，每天受施灾民高达千人。1930 年，盛朝瑞带头集资修丁字街路面。

程演生（1888—1955） 谱名存材，字源铨，别号天柱外史、寂寞程生，现代教育家、考古学家。

清宣统初年，程演生于安徽高等学堂肄业，后留学法国，获法国考古研究院博士学位，后任该院研究员。归国后，历任杭州华严大学文学系主任，北京大学、暨南大学教

程演生

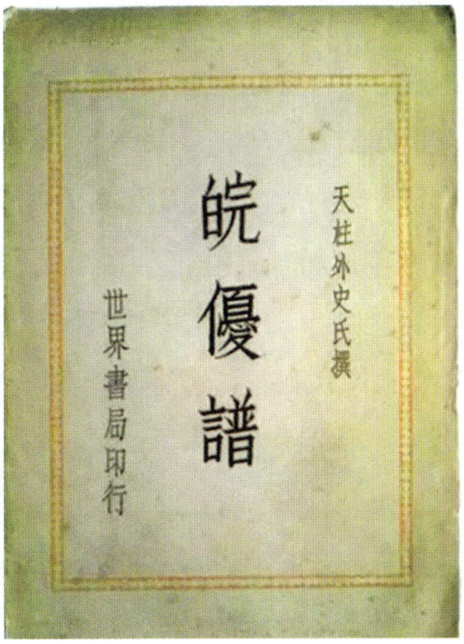

《皖优谱》（程演生著）

授，安徽省第一师范学校校长。在北大时，曾参加新文化运动，与沈尹默、陈独秀、王星拱、钱玄同等共同组织大学俱乐部。五四运动中，与高一涵、王星拱、邓初等分头散发陈独秀、李大钊印制的《北京市民宣言》，斥责北洋军阀的卖国行径。北伐后，出任过外交部特派员，赴法国、土耳其、阿富汗、比利时、暹罗（泰国）考察教育、政治、经济，曾任签订中暹通商条约专使、上海图书馆副董事长等职。

1932 年 4 月，由许世英、柏文蔚、方振武等人推荐，接任安徽大学校长，在经费极端缺乏的情况下，多方奔走，费尽心力，五个月恢复上课，并接纳“一·二八”事变由沪到安庆的学生就读。抗日战争期间，汪伪政府想利用他的学术威望，几次派人上门逼他出来开办大学，或任更高职务，都被其坚决拒绝。

程演生任安徽大学校长期间，受安徽通志馆邀请拟订《安徽通志》篇目，1937 年 6 月，经省政府第 614 次委员常务会议研究，聘请程演生为安徽通志馆副馆长，其于 6 月 14 日到任。1946 年 9 月 1 日，程演生代理馆长，主持了《安徽通志》的编纂工作。

1945 年，抗日战争胜利，程演生出任安徽学院院长。新中国成立后，他任上海市文史馆馆员。

程演生喜爱戏曲艺术，尤爱京剧，结识了许多京剧名流，与杨小楼、夏月润、程继仙、梅兰芳等交往频繁。所撰的《国剧概论》《皖优谱》等戏曲论著，为中国戏曲艺术的发展作出了贡献。《皖优谱》记载了 178 名皖籍优伶的从艺简历、造诣、贡献，引用了130多种书籍史料，概括了安徽500年来的戏曲历史，为研究安徽戏曲史提供了珍贵的资料。1955年病逝于上海。

邱公人（1896—1996） 石牌普仁医院创始人，自幼父亲病故，随母亲在安庆清节堂长大。1915年考入美国人创办的上海大同医科专门学校，毕业后到北京协和医院实习。1919年参加五四运动，因医院不准医务人员参与政事，遂离开协和。1926年到芜湖红十字会疗伤医院工作，次年到安庆创办普仁医院，任院长。1937—1947年先后任国民党江西余江95兵站医院少校军医、中校代理院长，婺源39后方医院中校医务长，铅山三战区干训团中校军医，铅山第六被服厂医院中校院长。1947年回石牌再办普仁医院，任院长。新中国成立之后，邱公人主动将普仁医院并入刚成立的怀宁县人民医院，任医务股长，在医治内科、外科、妇科、儿科疑难病症方面有独到之处。他一生热爱运动，养生有方，1985年被评为安徽省健康老人，1990年以94岁高龄参加在贵池举办的安庆市老年组长跑比赛。

潘伯鹰（？ —1966） 原名式，字百英，自署凫公、寂娱学人，晚年号有发翁，现代书法家、诗人、小说家。

潘伯鹰幼年丧母，父亲潘语舲久居北京为官，他寄居于外祖父家，读私塾多年。1918年考取铁路管理学校和邮电学校（后为北京交通大学）。毕业后，公费赴日本留学。从日本归来，在交通部任职，此间拜章士钊为师，钻研逻辑学。

1928年春，潘伯鹰目睹时艰，发表言论，被诬陷坐牢4个月。出狱后写成《南冠草》1卷，发表于《学衡杂志》。上海明星影片公司把他的小说《人海微澜》改编成电影《春水情波》，搬上银幕，轰动一时。后来，他受报刊的再三约稿，又陆续写出了《隐刑》《强魂》《稚莹》《蹇安五记》等小说，成为当时有名的新小说家。

潘伯鹰

20世纪30年代初，潘伯鹰任教于北平辅仁大学。抗日战争胜利后，任教于暨南大学。1949年4月1日，随国民党和谈代表江庸赴北平，被推为和谈秘书长。和谈破裂后，客居香港。同年10月1日，作为中国人民政治协商会议第一次会议特约代表参加开国大典。

新中国成立后，潘伯鹰历任同济大学、复旦大学、华东音乐学院教授，兼任上海市文物保管委员会顾问、市人委参事、市书法篆刻研究会副主任和全国政协特邀委员。担任上海书法篆刻研究委员会副主任期间，与沈尹默切磋书法艺术，写出小楷作品，被选作中小学书法教材（1984 年再版发行）。上海美术出版社再版发行了他的《中国书法简论》，新加坡风云出版社出版发行了他的印谱。他的学术成就，“书法第一，其次诗，三文，小说四，鉴赏第五”。

郝晓辉（1914—1940） 谱名嘉士，字仲生，革命烈士。郝晓辉出身于贫苦农家，10 岁入私塾读书，后转读太湖余家小学。1931 年考入贵池乡村师范学校，校内有中共地下组织活动，受到革命熏陶。1934 年与同乡查化群等在郝家山一带宣传土地革命，被安徽省保安司令部诬以“从事异党活动罪”逮捕，坚决拒绝“履行手续”（自首），两个月后获保释出狱。迫于生计，与查化群考入省土地局测绘班，结业后分到涡阳县任土地丈量员。1937 年“七七”事变后，丈量队解散遂回家乡，同查化群等一批爱国青年投身于家乡的抗日救亡运动，组织了“抗敌后援会”。1938 年 10 月，省动委会第十四工作团在太湖成立，郝晓辉随队转团，并加入了中国共产党，负责宣传工作，开展抗日救亡活动。1939 年 1 月，上级党组织决定成立中共怀宁区委，郝晓辉任组织委员，2 月，经中共鄂豫皖边区委员会批准，省动委会第十四工作团转入国民党安徽省第十三游击纵队，司令部设在石牌，更名为政治工作队，郝晓辉担任副队长。1940 年 2 月，郝晓辉被叛徒诬陷为“汉奸”，于 7 月 24 日被杀害。

查化群（1915—1943） 原名鸿志，又名曼云，化名华春，抗日战争时期中共怀宁区委书记。

查化群少时就读于太湖鹿磨山小学。1931 年考入贵池乡村师范学校，在此受到革命影响，追求进步，加入中国共产主义青年团。他一面学习文化科学知识，一面参加革命活动，后因活动暴露遭校方开除。回家后，与郝晓辉、郝笃先等人在郝家山一带宣传土地革命，被安徽省保安司令部逮捕，投入安庆监狱，后取保释放。1935 年考入省土地局测绘班，任土地丈量员，1937 年丈量队解散，回到家乡与陈一萍、郝晓辉等人发动组织郝家山一带进步知识青年和流亡学生成立“抗敌后援会”，宣传抗日救国。1938 年任安徽省抗日动员委员会第二十四工作团团长，并加入中国共产党。12 月，省民政厅委任其为怀宁县石牌区区长，先后担任中共太湖特支委员、潜山特支委员，积极发展党的组织。国民党掀起第一次反共高潮，怀宁城乡一片白色恐怖。他根据上级党组织指示，在红庙（腊树镇芝岭村）建立地下交通站，分批撤出暴露政治身份的共产党员和政工干部，自己转移到无为解放区，任新四军二师四旅副官主任，不久调到四旅参谋处任作战参谋，1943年春被错杀。

经过复查核实，安徽省委于1981年作出了为查化群平反、恢复名誉和恢复党籍的决定，沉冤终得昭雪。

熊恩庆（1951—2017） 杨塅村人，曾任重庆市泌尿外科研究所书记，教授、主任医师、硕士生导师，重庆市泌尿外科专业委员会副主任兼秘书长，《重庆医学》杂志编委。

熊恩庆1972年毕业于第七军医大学，精通泌尿外科专业。在泌尿系肿瘤、结石、肾上腺、膀胱癌等泌尿系统疾病诊治方面有丰富的经验，特别在尿道外伤及狭窄的治疗、前列腺增生、膀胱癌的腔内治疗、复杂性肾结石治疗、中晚期泌尿系统肿瘤治疗及尿道下裂等儿童先天性疾病治疗等方面居国内先进水平。他先后在重庆市开展前列腺增生的经尿道电切术和经尿道汽化术实验，培养了一批临床技术骨干及多名研究生。撰写论文30余篇，参编专著4部，承担重庆市中青年专家科研课题1项，获军队科技进步二等奖3项。

戏曲名伶

程福香（1670—1745） 一名福海，出生于梨园世家，父亲系徽调宜庆班小生，擅演周瑜，人称“活周瑜”。程福香读书时，深受家庭艺术熏陶，酷爱戏曲。13岁进宜庆班内科班，习武生，15岁登台表演，获得观众好评。清康熙二十五年（1686）腊月，宜庆班封箱歇班，程福香加入潘宝霞、潘德昭夫妇灯戏班，搭班演“多多腔”。其间，结交新伶友，赚了一些钱。康熙二十六年（1687），程福香筹办“窝班”，开始招收学员。

程家窝班首批招收的学员有李明波、杨明佩、张启刚、胡我发、何法明等人，这批学员，后来成了程家班骨干。程家班“两搭头”，既唱多多腔又演弹腔，既搭台演唱，又参加民间庙会、灯会表演，是黄梅戏历史上“两小戏”“三小戏”阶段的职业班社。

郝天秀（1760—1817） 字晓岚，石牌郝家山人，徽剧早期演员，工旦角。清乾隆五十一年（1786），郝天秀应盐业巨商江鹤亭之聘，前往扬州春台班演戏，春台班乃江鹤亭家班，郝天秀是“台柱子”。因演技超群，唱腔拔萃，誉满淮扬。时值秦腔“色艺皆绝”的魏长生南下扬州传艺，郝天秀得其亲授技艺。《扬州画舫录》卷五记载，凡郝天秀所擅长之剧，能整本戏全演，如《滚楼》《抱孩子》《卖饽饽》《送枕头》等。融徽腔、秦腔于一体，曲尽其妙，兼之表演细腻，柔媚动人，观其演出者，流连忘返，皆以“坑死人”呼之。

清代大诗人赵翼于乾隆五十一年在扬州观看郝天秀演出，击节称赏，在《瓯北集》中作《坑死人歌》记录盛况，其中云“遂令天下父母心，不重生女重生男，坑人死，满城嗓”，其声名震动扬州。李斗的《扬州画舫录》、焦循的《花部农谭》对其均有专述。

高朗亭（1774—？） 艺名月官，字朗亭，三庆班掌班者，清代北京戏曲艺人行会的“精忠庙”会首。

清乾隆五十五年（1790）秋天，为庆祝乾隆皇帝八十大寿，高朗亭应朝廷征召，率徽班进京唱“祝寿戏”，闻名天下的“四大徽班晋京”由此开始。高朗亭入京前，曾在扬州、杭州等地活动，有“二黄耆宿”之称。清代著作《消寒新咏》中，问津渔者评其演技云：“高月官，安庆人，或云三庆徽掌班者。在同行中齿稍长，而一举一动，酷肖妇人。第丰厚有余，而轻柔不足也。华服艳妆，见之者无红颜女子之怜……淫靡之音，依腔合拍，所谓入烟花之队，过客魂销；喷脂粉之香，游人心醉者矣！”《日下看花记》（清小铁笛道人著）曰：“（高朗亭）现在三庆部掌班，二黄之老耆宿也，体干

高朗亭石雕像（2017年）

丰厚，颜色老苍，一上氍毹，宛然巾帼，无分毫矫强，不必征歌，一颦、一笑，一起、一坐，描摹雌软神情，几乎化境；即凝思不语，或诟谇哗然，在在耸人听闻，忘乎其为假妇人。岂属天生，未始不由体贴精微而至。后学循声应节，按部就班，何从觅此绝技？”《燕兰小谱》（清吴长元著）评为“婉卿（魏长生）为一世之雄，此语兼可持赠朗亭”。年逾四十，演剧绝少，然偶尔登场，“其丰颐皤腹，语言体态，酷肖半家老婆，直觉耳目广新，心脾顿豁”。他将流行于长江两岸的《寄生草》《剪靛花》等民歌吸收糅合，以丰富徽调唱腔，为京剧的孕育起了重要作用。

清道光七年（1827）高朗亭与春台班主陈孔燕、程御铨共同主持重修安庆义园，并制《重修安庆义园碑记》，载安庆府籍在京艺人全部名单，为后世留下宝贵的戏曲史料。

程长庚（1811—1880） 名椿，一名闻翰，字玉山（亦名玉珊），号荣椿，乳名长庚，祖籍石牌，幼年在石牌读书、学戏、唱戏。清道光二年（1822）随父北上进京，崭露头角，名震京华，成为三庆班老生首席演员。清同治、光绪年间（1862—1908）任三庆班班主，接替高朗亭，任“精忠庙”庙首，兼三庆、春台、四春三班总管，同仁尊称其为“大老板”。

程长庚与四喜班张二奎、春台班余三胜为京剧第一代演员，并称“老生三杰”“老生三鼎甲”，程长庚居“三鼎甲”之首。他在艺术上重视人物塑造，尤长于表现人物典雅庄严的风度。唱腔脱胎于“徽调”，取于楚调，兼收昆曲之长及山陕梆子诸腔的特色，融汇为“皮黄调”。嗓音以“脑后音”为主，讲究字正腔圆，不事花哨，直调直腔，沉雄爽朗。唱念如“天风海涛，金钟大镛”，刚柔相济，气定神足。京剧老生“新三杰”谭鑫培、汪桂芬、孙菊仙均是程长庚的门生。

程长庚戏路宽广，工文武老生，能演300余出，擅演剧目有《群英会》《战樊城》《鱼肠剑》《举鼎观画》《让成都》《镇潭州》《捉放曹》《击鼓骂曹》《风云会》《战太平》《法门寺》《长亭会》《文昭关》《状元谱》《庆唐虞》《钗钏大审》《八大锤》《战长沙》《临江会》《华容道》《安居平五路》《天水关》等。

京剧第一代艺术家培养传人功绩最大者首推程长庚，他为培养京剧第二代特别是“后三杰”付出了很多心血，对京剧第三代、第四代阵容的形成，亦有着卓越贡献和深远影响。例如谭鑫培遵嘱文武兼唱，武戏文唱，吸取“老三派”表演精华，自成一派；汪桂芬长期为程长庚操琴，对其唱功、说白、台步、做派耳濡目染；孙菊仙的唱腔声调得到程长庚赏识，艺术风格与其无二。

程长庚剧画像（取自沈蓉圃《同光十三绝》）

郝兰田剧画像（取自沈蓉圃《同光十三绝》）

“以老生呼号天下”是程长庚在戏曲舞台行当上的重大改革。同时，从观众欣赏的需要出发，积极领导并从事剧目创新。如三庆班的“三国戏”故事完整，情节跌宕，观众非常喜爱。这些大戏成为三庆班一大特色，成为三庆的“轴子”，在观众中享有极高声誉。

郝兰田（1832—1872） 郝家山人，名列“同光十三绝”，清咸丰初年到北京，初学青衣，继工老生，后改老旦。因与程长庚同乡，搭入三庆班，与当时三庆班谭志道（“叫天子”）齐名。谭志道殁，只有郝兰田独演老旦。

郝兰田对老旦戏无一不会，以《钓金龟》《行路哭灵》《徐母骂曹》《滑油山》《目连救母》《游六殿》《打龙袍》《遇皇后》等最为拿手，嗓音高亢有力，唱腔尾声苍老深沉，念白真似老妇人讲话一般。他与张二奎、梅巧玲演《四郎探母》，饰佘太君。为时小福配演《探窑》，衬托得力，实为老旦一绝。郝兰田融合徽调、汉调老旦之唱法，综合多家老旦之特点，并吸收生旦唱腔之特长，创造独具特色的老旦唱技，为京剧老旦奠基人之一。

杨月楼（1844—1890） 名久昌，谱名久先，石牌杨家墩人，清末京剧表演艺术家，名列“同光十三绝”。清光绪四年（1878）年底，由程长庚呈请，杨月楼被保选为四品顶戴的“精忠庙庙首并兼领三庆班”，接掌三庆班10年之久，享誉京、沪。光绪十四年

杨月楼画像（取自沈蓉圃《同光十三绝》）

杨月楼

（1888）十一月，经张洪林保荐，与王楞仙同被选入清宫升平署，进宫承差，供奉内廷，曾为慈禧太后演出。杨月楼体魄魁梧，嗓音洪亮结实，唱念讲究字韵，扮相仪表堂堂，表演在秉承奎派（张二奎）的基础上，又吸收程派（程长庚）、余派（余三胜）两派之长，文武皆能，擅演《芭蕉扇》《五花洞》《蟠桃会》等猴戏，灵活如猴，可连续翻筋斗108个，在一定尺寸内不离故步，有出入风云之概，又得外号"美猴王""杨猴子"，京沪两地流传"一般京剧非偏爱，只因贪看杨月楼"之说。

杨小楼（1878—1938） 名三元，谱名家英，杨月楼次子，谭鑫培义子，名嘉训，艺名小楼。幼年入北京小荣椿科班学艺，师从杨隆寿、姚增禄、杨万青学武生。17岁出科，在京津两地搭班演出。后得义父谭鑫培和王楞仙、王福寿、张淇林、牛松山等名家的指点，并拜俞菊笙为师，技艺渐进。24岁搭入宝胜和班，以小杨猴子之名崭露头角。29岁入升平署为外学民籍学生，备受慈禧太后赏识。他与谭鑫培、陈德霖、王瑶卿、黄润甫、梅兰芳、尚小云、荀慧生、高庆奎、余叔岩、郝寿臣等人合作，先后组建陶咏、桐馨、中兴、崇林、双胜、永胜等戏班。在当时和梅兰芳、余叔岩并称为"三贤"，成为京剧界的代表人物，享有"武生宗师"的盛誉。

杨小楼在艺术上继承家学，师法俞（菊笙）杨（隆寿），同时博采众长，逐渐形成

《霸王别姬》剧照［梅兰芳（左）杨小楼（右）］

杨小楼

独树一帜的“杨派”。他的嗓音清脆洪亮，咬字清楚真切，间有京音，行腔朴实无华。唱念注意准确表达角色的感情。从现存的《霸王别姬》《夜奔》《野猪林·结拜》等戏的唱片中，可以领略到他唱念的神韵。他武打步法准确灵敏，无空招废式，更能恰当贴切地表现人物的性格，着力体现意境，追求神似，即“武戏文唱”的杨派特点。长靠戏《长坂坡》《挑滑车》《铁笼山》，箭衣戏《状元印》《八大锤》《艳阳楼》，短打戏《连环套》《落马湖》《安天会》，昆曲戏《夜奔》《宁武关》《麒麟阁》，老生戏《法门寺》《四郎探母》《战太平》，无一不精。晚期还排演了《野猪林》《康郎山》等戏。杨小楼是承上启下的一代宗师，“杨派”艺术创始人，京剧南下首倡者。

王鸿寿（1850—1925）又名王洪寿，外号三麻子，人称三老板。清末民国初期京剧表演艺术家，京剧南派重要代表人物。

王鸿寿幼年入石牌徽班“同乐堂”内科班学艺，初习武生，后改学老生。太平军驻守石牌时，他参加了太平军。清咸丰十一年（1861）秋，王鸿寿等随英王陈玉成由石牌向宿松撤退，流寓他乡，后改唱京剧，长期在上海演出。

王鸿寿最擅演关公戏，塑造的关羽形象驰名全国。他把徽班关公戏的表演加以充实、改革，移植到京剧中，创立介于老生、武生、武净之间的一个新表演行当，化妆改揉胭脂红脸为勾红脸，改五绺髯为三绺髯，故名“红生”。他演的红生，嗓子的运用和唱念略带花脸味道，身段、武打也是取老生、武生、武净诸行当之长，适合关羽的形象特征，尤其是趟马和亮相，变化多样，很美观，更能显现关羽雄才大略、武艺超群的气度。他表演的关公戏如《灞桥挑袍》《过五关》《水淹七军》《走麦城》等单折戏南北流传，成为京剧优秀保留剧目。

王鸿寿能编善导。据刘静沅著的《京剧艺术发展史简编》中记载，王鸿寿创作或改编的关公戏有 18 本，几乎把《三国演义》中关公故事全部搬上了舞台。1923 年 10 月，王鸿寿回到石牌，为望江县新坝檀家唱谱戏，演出拿手戏《古城会》。虽年事已高，但表演劲头和气度不减当年。

郝季球（1900—1979） 又名郝观兰，腊树窠人。幼读私塾，尔后放牛，兼而跟班学唱小生。1914—1919 年学瓦工，兼习戏文壁画，壁画作品有《文王访贤》《将相和》《唐僧取经》《千里走单骑》《岳母刺字》《朱元璋与刘伯温》《郑成功收复台湾》等 100 余幅，郝季球从中熟知许多戏剧故事。1919—1933 年，分别搭许百发戏班、胡霞林戏班、夏剑设戏班、琚艺华戏班，在太平、怀宁、潜山、桐城等县唱戏。1933—1937 年从事壁画 5 年。1937—1947 年，分别搭天津潭戏班、陈金伍戏班、张光友戏班，演出于石牌、望江、岳西等地。1947 年自创“仁义堂”班社，在东流县（今东至县）演出。1949 年春到石牌，旋即加入京黄合演怀宁剧院。

郝季球嗓音高亢洪亮，徽调、皮黄、高腔、黄梅戏皆会，以唱功见长，表演稳健，是老生行当中的好佬。黄梅戏《乌金记》中的吴天寿、《告漕》中的张朝宗、《丝罗带》中的乾隆皇帝、《牌环记》中的蔡中书、《荞麦记》中的徐文进、《双合镜》中的老院哥等艺术形象都塑造得神形兼备，栩栩如生。京剧《借东风》中的诸葛亮、《甘露寺》中的乔玄、《桃园结义》中的刘备、《临江驿》中的张天觉也是他的拿手好戏，深受观众喜爱。在怀宁黄梅剧团工作 30 多年，一直是扛梁演员。

潘犹芝（1905—1974） 罐子窑人，自幼学陶工，18 岁拜程容育为师，学唱黄梅戏，工青衣、花旦，早期石牌黄梅戏演员。1925—1926 年，搭大雄山戏班到桐城演出。1926—1928 年，自己创建“三友堂”戏班，演出于怀宁、潜山乡村。1929—1935 年，先后搭汪芳弟的“仁义班”和胡印林的戏班，在怀宁、望江演唱。1935—1938 年，搭史玉彩戏班于安庆各县献艺。1938—1942 年与刘盛扬、丁永泉在石牌戏院（陈家祠堂）联袂演出。1942—1944 年，受邀在张光友戏班演戏。1944—1948 年，搭琚光华戏班，在怀宁、桐城、潜山等地演出。1949 年春加入怀宁剧院，1952 年加入怀宁县文艺工会，后被选为工会主席。

潘犹芝是黄梅戏青衣行当中的好佬，所扮演的角色众多，《乌金记》中的陈氏、《凤凰记》中的李氏、《鸡血记》中的陈氏、《劝姑改嫁》中的何氏给观众印象深刻，其艺术造诣和声望与丁永泉齐名。

潘贤梅（生卒年不详） 黄梅戏早期旦角由男子扮演，潘贤梅是石牌第一位唱黄梅戏的女演员。她家住上石牌中洲，父亲潘政昆，是船老板，母亲是黄梅戏“仁义社”班主产成义的姑母，38 岁生下女儿贤梅，被夫妇俩视为掌上明珠。父亲因患肺病去世，潘贤梅 12 岁那年歇学帮助料理家务，靠织渔网维持生活。

一日，产成义到中洲看望姑母，见表妹长相俊秀，身材适宜，是唱戏的好材料，于是动员姑母让潘贤梅到他的戏班学唱戏。潘贤梅母亲深知女儿喜欢唱戏，又加上家中困难，就答应了产成义的要求。潘贤梅到戏班之后，拜杨世忠为师学唱花旦。她好学不倦，潜心钻研，表演生动活泼，嗓音甜润，唱腔优美，韵味醇厚，当时在石牌堪称“黄梅第一坤旦”。

1916 年，仁义社停办，潘贤梅先后搭朱丙奎、钱绪郁等人的戏班演出，演青衣花旦。1919 年，因母亲年迈多病，辍演奉母。

王玉坤（1916—1947） 王家墩人，外号“洋狗”，自幼家境贫寒，13 岁拜王的毛学唱黄梅戏，工小生。后拜罐子窑汪芳弟为师，因聪明机智，被汪芳弟视为己出，不久便成为罐子窑黄梅戏戏班顶梁小生。

抗日战争期间，王玉坤先后搭张光友的“全福堂”、潘犹芝的“三友堂”、郝季球的“仁义堂”等黄梅戏班演出，同台演出的有郑绍周、韩家松、阮银枝、柯砚秋、丁永泉等，足迹遍及大江南北。他有一副唱不哑的嗓子，尤以《珍珠塔》中的方卿、《天仙配》中的董永、《青龙山打凤》中的张孝、《山伯访友》中的梁山伯享誉梨园。王玉坤在戏台上机智灵活，能及时化解突发情况。1937 年，在东至大渡口演《山伯访友》，王玉坤饰梁山伯，一次，饰演书童四九的演员误场，王玉坤机智地起腔放水（信口开河地唱），一连唱了四五十句，仍不见四九上场，为了稳住台面不冷场，他又随机发挥唱了几十句。因其临时发挥的台词合乎剧情，观众竟无一人觉察是临时加唱的。石牌周边地区盛传“唱不过洋狗，死不过家松（韩家松）”，极尽赞扬王玉坤唱功。1947 年，王玉坤病故于家中。

阮银枝（1920—1993） 女，江镇人，出身贫寒，少年时期即拜石牌潘瑕潘成香为师，学习黄梅戏，工花旦。她有一副天生的好嗓子，音韵甜美，16 岁开始走红，能演百出戏，《小辞店》《山伯访友》《私情记》《白门楼》《云楼会》《罗帕记》《岳州渡》《乌金记》《卖花记》等均为其拿手好戏，被人称颂。阮银枝以唱功著称，别具一格，创造了不少旦角唱腔和做派表情。唱花腔平词，行腔婉转，优美动听；唱平调迈腔，令人叫绝。阮银枝、丁翠霞、桂月娥被誉为怀宁县黄梅戏“坤旦三鼎甲”，阮银枝又与丁翠霞获怀宁“坤旦双璧”之美称。她的怀腔经典唱段，是留给后人的宝贵财富。

刘美云（1929—2016） 女，江西南昌人，1952年11月参加工作，定居石牌，国家二级演员。

刘美云因家庭贫困，未满两岁即遭遗弃，随养父姓刘。养父出身梨园世家，系江西省京剧团演员。她从小师从养父母，父亲对其练功要求甚严，如用双膝夹着铜钱练习走台步，若不小心铜钱落地，就要挨打。因此练就一身舞台艺术硬功夫，十几岁登台演出京剧《盘丝洞》，崭露头角。1952年石牌老艺人陈宗记等组建京黄剧团，邀请她加入，从此她把自己的一生奉献给了黄梅戏艺术。京黄剧团后改为怀宁县黄梅戏剧团，她一直在此工作到退休。

刘美云从京剧改唱黄梅戏，经历了艰辛的磨炼。她虚心向黄梅戏老艺人学唱腔，学台步。虽不识字，却熟记三十六本大戏七十二折小戏全部戏文。她戏路宽，工花旦、武旦、青衣、老旦、丑旦，主演过《秦香莲》《三姐下凡》《梁红玉擂鼓抗金兵》《天仙配》《半把剪刀》《追鱼》等古装戏，演过现代戏《红灯记》中的李奶奶、《沙家浜》中的沙奶奶、《党的女儿》中的李玉梅。代表作《荞麦记》中的老旦“王氏”、《费姐》中的丑旦“母老虎”，常赢得满堂喝彩。

刘美云有一手化妆绝技，如梳大头，贴辫子，毫不保留地传授给年轻演员。

她从艺几十年，弟子满门，德高望重，怀宁梨园界亲切地喊她为“美妈”“美奶”。

刘美云剧照（20世纪70年代）

潘绪满（1936—1982）　怀宁县黄梅戏剧团演员，剧团艺委副主任。

潘绪满于1953年考入怀宁剧院，师从“活吴天寿”郝季球。他嗓音好，音韵圆滑自然，咬字准确，吐字清晰，肯下功夫，勤用脑、虚心求教，博采众长，进步很快，学艺三个月就正式登台演折子戏《戏牡丹》《游春》等。开始常演开锣戏和配角戏，由此积累了丰富的舞台演出经验，又得到黄远来、陈宗纪、何世勤、刘盛杨等有造诣的老师指点，演技日渐成熟。1955年，首次在《山伯访友》中饰演梁山伯，一举手，一投足，便把一个温文尔雅、英俊潇洒的书生梁山伯呈现在观众面前，从此名声大振。

1957年，潘绪满已是怀宁县剧团的首席小生演员，在古装剧《打金枝》中饰郭暧、《秦香莲》中饰陈世美、《半把剪刀》中饰曹锦棠，在现代剧《智取威虎山》中饰杨子荣、《红岩》中饰许云峰、《野火春风斗古城》中饰杨晓冬、《社长的女儿》中饰蒋为民、《丰收之后》中饰赵五叔，把角色表演得丰满鲜活，各尽其妙。

1960年，怀宁剧团应邀赴武汉民众乐园公演，首场是《孙安动本》，潘绪满饰演孙安。首场演出一炮打响，竟把别的剧场的观众都吸引过来。连演三场，场场爆满。其间湖北广播电视台还录制了潘绪满与团里女演员潘根荣合演的《夫妻观灯》。

潘绪满的演艺生涯中以《十五贯》中饰演小丑娄阿鼠一角最为有名。剧中“访鼠”一场，潘绪满用一系列创造性的表演手段表现角色，念白上极富抑扬顿挫，形体上围绕一条板凳做出一连串出色的身段，着力刻画老鼠偷油的贼形，被观众称为活“娄阿鼠”。

潘根荣（1939—2004）　女，中共党员，黄梅戏演员，国家二级演员，安徽省戏剧家协会会员。

1949年3月，石牌解放，潘根荣随父加入怀宁剧院，工花旦、正旦。她功底扎实，嗓音甜润爽朗、优美动听，表演细腻、端庄大方。受黄梅戏名家阮银枝、丁翠霞、桂月娥、严凤英指点，16岁时潘根荣便成为怀宁县黄梅戏舞台的顶梁花旦，塑造的艺术形象深受广大观众的喜爱，如古装剧《山伯访友》中的祝英台、《天仙配》中的七仙女、《女驸马》中的冯素珍、《蝴蝶杯》中的胡凤莲、《拾玉镯》中的孙玉姣、《半把剪刀》中的陈金娥，现代戏《党的女儿》中的李玉梅、《红岩》中的江姐、《野火春风斗古城》中的银环、《苦菜花》中的娟子、《南海长城》中的海螺、《沙家浜》中的阿庆嫂、《十女神枪手》中的女民兵班长等。《党的女儿》曾连续公演47场，《半把剪刀》

连续上演29场，不少戏迷连续看了29场，许多黄梅戏老票友还记忆犹新。她还擅演女扮男装角色，如孟丽君、祝英台、冯素珍等。1958年安庆专区举行戏曲会演，潘根荣扮演大型悲剧《玉鸳鸯》中的李瑞珠，获表演三等奖。1960年夏，湖北广播电台录制她与潘绪满合演的《夫妻观灯》获得好评。1982年9月，她与詹仰率团入川演出，她饰演《女驸马》中的冯素珍，巡演7个月，大获成功。巴蜀观众说："看了潘根荣的表演，就等于看到了严凤英。"

《安徽日报》《安徽文化报》《安庆日报》曾报道潘根荣的演出成就，称其是一位艺术造诣较深的黄梅戏演员。

潘根荣剧照

名人与石牌

刘保罗到石牌宣传抗日救国 刘保罗，原名刘矿，号奇声，湖南人，中共党员，戏剧活动家，曾任“左翼戏剧家联盟”党团书记。

抗日战争爆发后，爱国戏剧工作者高举“到敌人后方去”的救亡旗帜，刘保罗带领他们由杭州到上海，慰问从前线撤退的国民党二十一集团军，并接受集团军司令廖磊的挽留，随军到安徽，在原安徽青年服务团的基础上成立二十一集团军战地服务队，刘保罗任队长。后来服务队被派到四十八军一七六师工作，编入豫鄂皖边区游击兵团东区南分区政治总队第三队，刘保罗仍为队长。1939 年夏，刘保罗率队到石牌，很快与怀宁县县长胡邦宪（亦名胡允恭，曾任南京大学历史系教授，1932 年任中共山东省委书记），怀宁县政府军事科科长杨盟山，第四区区长查化群等 4 人形成领导核心。队员们不畏敌机轰炸，在石牌一带教唱抗日歌曲，演出抗日话剧，宣传抗日救国。演出剧目有《三江好》《放下你的鞭子》《百马计》和刘保罗自己创作的反映日伪在安庆内讧的讽刺剧《满城风雨》，深受抗日军民欢迎，激发了群众的爱国热情。此间石牌戏剧演出活动频繁，刘保罗对伶工们说：“京剧艺术丰富多彩，戏祖在石牌。黄梅戏生活气息浓郁，怪不得你们这里看戏的人多，唱戏的人也多。”京剧、黄梅戏班社演员在宣传队的影响和指导下，排演宣传抗日小节目，受到人们的欢迎。

严凤英到石牌慰问演出 1960 年 7 月 8—13 日，严凤英与王少舫、潘璟琍一行到石牌慰问演出，在演出间隙拜访住在姜网街的老朋友陈爱珠时，动情地说：“怀宁是我的娘家，我出生在怀宁，艺成在怀宁，所以这次回娘家演出，我感到特别高兴、亲切。”同时她又向师兄刘盛杨说：“我是回娘家来学习的，请老师们多多指教。”演出期间，严凤英等还到庆洲大队参加义务劳动。

马彦祥到石牌考察杨月楼故里 1981 年 5 月 4 日，全国政协委员、文化部艺术局及中央艺术研究院顾问、中国戏剧家协会副主席、戏曲理论家马彦祥在安徽省、安庆市文化部门负责人陪同下，到石牌考察，补充《中国大百科全书》戏剧部分的资料。马彦祥一行访问杨月楼故居杨家墩，认真调查徽班“三庆班”班主程长庚、杨月楼等在家乡传艺及“徽班进京”史迹，并录制徽剧唱腔，查阅杨氏宗谱，确认杨月楼家族世系，与杨家牌业余戏剧剧团演职人员座谈交流，并合影留念。在徒步访问三个村庄的归途中，马彦祥满意地说，此行大有收获，收集到了过去许多闻所未闻的史料，证实了杨月楼祖籍，丰富了中国戏剧史，了却了自己多年来踏访戏曲之乡的夙愿。

曹禺考察“戏曲之乡” 1982 年 9 月，中国文联主席、戏剧家曹禺一行考察访问“戏曲之乡”，为京剧寻根问祖。诞生于石牌的徽剧是“京剧之父”，徽剧的“二黄调”“弹腔”是“京剧之根”。考察结束后，曹禺深情地说，石牌是戏窝子，过去京剧界不是有这么一句话吗，叫“无石不成班”，这里的“石”就是现在的怀宁县石牌镇，作为一个普通戏剧工作者，他这次是来“朝圣”的。

侯宝林到石牌义演 1987 年 10 月 17—18 日，相声艺术大师侯宝林一行三人到怀宁县石牌镇义演。18 日上午，怀宁县政府举行“欢迎侯宝林先生来怀献艺茶话会”，71 岁高龄的侯宝林在茶话会上深有感触地说，他 13 岁从艺，学唱京戏，京戏的老祖宗在石牌这里，徽调三庆班就是从这里走出去的，四大徽班进京嘛！被称为“戏圣”的程长庚、“京剧泰斗”杨月楼、“武生宗师”杨小楼等，就是石牌附近人，此地是举世闻名

1982年9月，曹禺（左二）考察“戏曲之乡”

的戏曲之乡。怀宁县应该有一个像样的剧场，应有戏曲博物馆。尊重前人，是为教育后人，因为他们为中华民族文化艺术作出了贡献。他告诫在场的青年演员，要向前辈老师学习，学真本事，做厚道人、好演员，在表演艺术方面应有自己的东西，没有自己的绝活算不上好演员。侯宝林一行在怀宁县电影院连续演了两场，场场爆满。他们将演出收入全部捐献给了怀宁灾区人民。

袁隆平到石牌考察示范田 2000 年 7 月 6 日上午，中国工程院院士、“杂交水稻之父”袁隆平带领近 200 名专家到石牌，实地参观考察石牌镇同福村早杂“香两优 68”示范田。走在同福村示范田田埂上，袁隆平详细询问有关香两优 68 品种的推广栽培、普及情况。当看到示范区内田成方、树成行、渠相通、沟相连、谷穗金黄、稻浪滚滚的喜人景象时，他连声称赞，这真是一个标准的田园化示范田啊！场面壮观，规模宏伟，我十分满意！栽培管理很好，结实率很高，没有早衰现象，说明生长状况良好。

2000年7月6日，袁隆平（左一）在石牌考察水稻种植情况

皖河晨曦（2016年）

大事纪略

石牌自北宋开埠，历经千年沧桑，留下了厚重的人文历史积淀。生于斯长于斯的人们在这里辛劳稼穑，繁衍生息。与石牌机缘相会的人们在这里展示自己，参与着古镇文化的塑造，留下了闪耀的光彩和悠久的故事。一些重大事件与历史人物，标示着时代发展的印记，共同塑造着石牌的历史与未来。

北宋开宝三年（970）樊若水石牌口试架浮桥

石牌，又名石牌口，据史书记载最早可追溯到1000多年前的北宋建隆年间（960—963）。

北宋建隆年间，宋太祖赵匡胤统一了中国北方的广大地区，南唐小朝廷仍凭借长江天险做最后的抵抗。南唐将领朱令赟率兵15万救援金陵，与北宋大将曹彬的部队在皖口（今安庆市大观区山口镇）遭遇，军情十分危急，樊若水施浮桥渡军计以助宋军。

据《宋史》记载，樊若水在南唐参加科举考试，屡屡不第，加上对南唐的腐败统治极为不满，遂萌生归宋之意。为了取得宋太祖的信任，樊若水采集了采石江面的水文地理资料，北宋开宝三年（970），到汴梁（今河南开封），向宋太祖献上自己绘制的《横江图说》以及平定南唐之策——“请造浮梁以济师”。宋太祖如获至宝，龙颜大悦，采纳了樊若水的建议，破格提拔他为右赞善大夫。

樊若水建议宋军先在石牌口试架浮桥，然后移置采石江面。石牌口位于皖河中游西岸，为皖河、潜水、长河汇合处，是出入长江的重要水陆枢纽，地理位置得天独厚。宋军采纳了这个建议，闰十月十三日占领铜陵后，便回师石牌口，截住由江陵驶来的黄黑龙船和竹筏，在樊若水的指导下，浮桥很快试架成功。受宋廷之命，前汝州防御使陆万友到石牌口担负守卫任务。十一月九日，陆万友奉诏从石牌口护送浮桥至采石。熟知采石水文地理的樊若水亲自指挥架桥，竟“三日而成，不差尺寸”。

采石浮桥架成后，宋军“步兵渡江，若履平地”，全线渡江，终于在当年十一月二十七日攻下金陵台城，迫使南唐后主李煜投降。樊若水因功被拜为侍御史，不久又改授江南转运使。

小小的浮桥不仅让樊若水一举成名，也让石牌从此载入史册。

清咸丰九年（1859）太平军与清军在猫山激战

石牌自古以来就是兵家必争之地，太平天国运动爆发后，这里便成为太平军与清军争夺的主要战场之一。

清咸丰三年（1853）二月二十四日，翼王石达开攻克安庆，次日撤离，后清军复占安庆。太平军定都天京（今江苏南京）后，为打破清军对天京的包围，六月十日，太平军再次攻克安庆。九月，石达开奉命自天京至安庆设防镇守。由于石牌为安庆西部要隘，为筑牢安庆的天然屏障，石达开随即调派重兵在石牌设城防守。太平军在猫山临河处，筑起一座“新城”。新城有三层，东南北三面开有城门，结构坚固，易守难攻。城墙高丈余，上下均留有炮眼，周围挖有深壕数道，有 6 道城池，桩扦密布，驻军数千。

咸丰九年（1859），清军围攻安庆，太平军开始了两年多的安庆保卫战。九月二十二日，清军多隆阿率步兵两万多人，由宿松进驻茶棚岭（今腊树镇）。二十四日夜，清军向猫山“新城”发起攻击，次日晨，数千名太平军将士阵亡，“新城”失陷，驻守安庆的太平军失去了一道重要屏障。咸丰十一年（1861）九月五日凌晨，安庆失守。

猫山之战已经过去了 160 多年，青山环抱的“新城”，城壕残破，轮廓犹存。

1947年解放军三打石牌镇

1947 年，刘（伯承）邓（小平）大军千里挺进大别山，皖西解放战争出现了新局面。因石牌的国民党军用仓库较多，为补充给养，解放军皖西支队司令员刘昌毅、政委桂林栖指挥了“三打石牌镇”。

7 月 11 日夜，胡鹏飞、何德庆率领皖西支队一大队及支队直属警卫连、侦察连和二大队六连共 400 多人，从潜山出发，半夜到达石牌。其时石牌驻有国民党一个保安队和四十七军的两个班共 200 多人。皖西支队一大队主攻敌营，二大队六连攻占仓库，拂晓前结束战斗。此役，皖西支队牺牲 1 人、伤 2 人，俘虏敌军 30 多人，缴获步枪 50 余支、机枪 1 挺和若干军用物资。

8 月 12 日，皖西支队一大队 500 余人从潜山王庙出发，分三路夜奔石牌镇。部队到达后迅速向驻在上石牌大王庙的国民党自卫大队发起攻击，敌人因上次惨败的教训，慌忙向天津潭一带溃退。皖西支队一大队在追击中，毙敌 10 余人，虏敌军 20 多人，缴获长短枪 30 多支。战斗结束后，他们向石牌富商征集布匹、棉花 80 多担，并一一留下征集物资证明书。

9 月下旬，皖西支队配合刘邓大军三纵队解放桐城、潜山县城。为扩大战果，26 日晚，司令员刘昌毅率领解放军一大队、二大队、三纵队教导大队和 1 个炮兵连 1500 余人从潜山梅城出发，奔袭石牌。石牌的敌人设立联防区署，配备 1 个联防中队、1 个自卫队、1 个营，加强防守。解放军兵分两路，一、二大队负责攻打下石牌的敌自卫队和联防中队，三纵队教导大队和炮兵连主攻上石牌大王庙的广西军。下石牌的战斗很快结束，击毙敌军分队长邱景昌，生擒联防区署主任查晓如。驻大王庙的敌军负隅顽抗，解放军最后动用山炮，迫使敌军投降。这一仗歼敌 2 个营，缴获枪支 190 多支。部队休整一天后向西攻打太湖县城。

1959—2016年三次修建皖河大桥

石牌皖河大桥先后三次修建。

1959年11月第一次动工，翌年2月竣工，为七孔石墩木桥。1961年5月，桥面被运输花凉亭水库闸门的特种车辆压毁。

1971年4月12日，怀宁县革命委员会决定投资90万元，在原桥址上重建皖河大桥，同年5月1日开工建设，翌年7月1日竣工通车，工程由安徽省建桥队承建。该桥全长476.69米，由北、中、南三座单行车道桥梁加两段45.85米土基引桥组成。北桥为钢筋混凝土四跨悬链空腹式双曲拱桥，长177.74米，桥面宽7米，跨度36米，标高24米，设计载荷为13吨；中桥为七跨石墩钢筋混凝土装配式T字梁桥，长166米，设计载荷为15吨；南桥为四孔圆弧实腹石拱桥，长87.1米，桥面宽7.85米，跨度15米，标高23米，设计载荷为13吨。大桥实际载荷为汽车13吨、拖车60吨，设计使用年限为72年。皖河大桥修通，使212省道月山至北门坦线全线贯通，石牌至合肥、安庆、望江、太湖以及县内各乡镇客运、货运线路全部开通。

2011年5月15—21日，测得皖河大桥上大货车平均日交通量898台次，特大货车每日652台次，特大货车超限超载率达100%。

2011年9月，安庆市发改委批准“212省道皖河大桥及接线改建工程”项目立项。该项目路线起于212省道K21＋200米程家新屋，向西跨越皖河，经过邵塅村、张家畈，在叶家畈接回212省道（K26＋500米）。全线跨皖河大桥1座、中桥2座、小桥1座、涵洞31道，采用二级公路技术标准，设计时速为80千米，路基宽15米，路面宽13.5米。新皖河大桥全长1153米，全宽17米，净宽16米，三十四跨。工程全线长5.3千米，沥青混凝土路面，总投资1.81亿元。2014年2月8日开工建设，2016年9月28日竣工通车。

改建后的皖河大桥（2016年）

1960年檀小莲出席全国首届民兵代表大会

1960 年 4 月，石牌十女民兵班班长檀小莲出席全国首届民兵代表大会，在中南海怀仁堂受到毛泽东等中央领导接见。晚宴上，全国人大常委会委员长朱德表扬她是响应毛主席大办民兵号召涌现出来的先进代表，是一面旗帜插到北京，嘱咐她一定要插稳，千万不要倒，回去后要做出优异成绩，再到北京会师。1960 年、1964 年，檀小莲两次出席南京比武大会，均获优胜奖章。1966 年 4 月，她还出席了全国妇联在南昌召开的“南方片先进基层妇代会座谈会”。

十女民兵班（20世纪60年代）

檀小莲（2016年）

檀小莲获得的奖章和奖品（2016年）

1961年《人民日报》发文肯定黄梅戏

1961年10月5日《人民日报》发表中共怀宁县委编写组和怀宁县黄梅戏剧团的署名文章《黄梅戏》，文中开宗明义："黄梅戏是安徽怀宁县农村中发展成长起来的小戏，它是劳动人民在伟大的劳动实践中创造出来的一种艺术形式。"又说："古代的石牌（怀宁）是安徽省的一个水陆交通大集镇，向以鱼米之乡著称。每当春种秋收之时，农民们惯唱怀调山歌来歌颂自己辛勤劳动的丰收。这种民间的、优美的、抒情的山歌小调，传统地称为'怀宁调'。"后来，经过历代的劳动者和说唱艺人的艰苦劳动，在怀宁流传的"连厢""旱船""狮灯""傩舞"等30多种民间艺术形式的基础上，再吸收弹腔、高腔、昆曲等优秀剧种的剧目、唱腔和表演艺术等优长，终于在明末清初时期形成了一种小戏。

2008年重建石牌农贸市场

石牌农贸市场始建于1986年，集蔬菜、水产品、家禽、粮油等农副产品交易于一体，1988年被国家工商行政管理局授予“全国文明集市贸易市场”称号。

2008年1月，一场罕见的大雪将石牌农贸市场压塌。3月，石牌镇政府决定在原址重建市场，历时一年竣工，建成后的石牌农贸市场主体为两层钢构大棚，占地20亩，建筑面积13000平方米，总投资1600万元，有店面161个、摊位160个，有个体工商户325户，年交易额达5亿元。

2010年石牌遭受洪灾

2010年7月上旬，石牌连降暴雨，外河水位猛涨，圩区严重内涝，人民生命财产安全受到威胁。武警安徽省总队、安徽预备役师二团、安徽省军区、安庆军分区、武警安庆支队共派出近千名官兵先后奔赴防汛抢险第一线，与石牌镇干部群众一起连续奋战十几个昼夜，有效控制了灾情，转移安置受灾群众3000余人。

17日下午，国家领导人在省、市、县主要领导陪同下，到石牌镇检查指导防汛抗灾工作，看望奋战在抗洪抢险一线的广大军民，慰问受灾群众。

2013年石牌镇被授予“全国特色文化产业示范镇”称号

2013 年 11 月，经中国文化管理协会文化经济专业委员会审核，在由文化部、国家新闻出版广播电影电视总局、北京市人民政府主办的第八届中国北京国际文化创意产业博览会上，石牌镇被授予“全国特色文化产业示范镇”称号。

2016年石牌镇入选第三批安徽省千年古镇

自北宋建隆年间（960—963）开埠以来，石牌镇经历千年演变与发展，成为皖西南重要商埠，经济发展，文化繁荣，闻名遐迩。经过摸底筛选、逐级审核推荐，2016 年 12 月 27 日，安徽省民政厅、安徽省住房和城乡建设厅、安徽省旅游局、安徽省文物局、安徽省地方志办公室联合发文，公布第三批安徽省千年古镇名单，石牌镇榜上有名。

2017年石牌镇入选第二批全国特色小镇

2017 年 7 月 22 日，怀宁县县长率队赴住房和城乡建设部参加石牌镇申报戏曲文化特色小镇现场答辩。专家组一致认为，石牌镇戏曲文化特色鲜明，内涵丰富，产业方向定位精准，为打造具有国际影响力的戏曲文化特色小镇奠定了基础。2017 年 8 月 22 日，中华人民共和国住房和城乡建设部公布了第二批全国特色小镇名单，石牌镇榜上有名。

2017年安徽省省长李国英到石牌调研特色小镇建设

2017 年 9 月 17 日，安徽省省长李国英赴怀宁县石牌镇调研特色小镇建设时指出：打造特色小镇，资源条件是支点，产业发展是根本，特色特长是关键，市场创新是动力，宜居环境是基础，生态建设是长远。

2018年首届中国（石牌）戏曲论坛在安庆举办

2018 年 9 月 27—30 日，由文化和旅游部艺术司、中国艺术研究院、安徽省文化厅、安庆市人民政府共同主办的首届中国（石牌）戏曲论坛在安庆市举办。论坛以“创作、市场、生态——黄梅戏多元发展路径”为主题，邀请省内外戏曲专家学者、国家级戏曲传承人代表、戏曲院团负责人代表等开展了集中探讨，观摩了《邓稼先》等新创作的黄梅戏，编辑出版了《创作·市场·生态——首届中国（石牌）戏曲论坛理论文集》。

2018年9月，首届中国（石牌）戏曲论坛在安庆举办

2021年石牌镇入选“安徽省首批特色旅游名镇”

2021 年 5 月 8 日，安徽省促进旅游业改革发展领导小组根据《安徽省人民政府关于促进全域旅游发展加快旅游强省建设的实施意见》（皖政〔2019〕41 号）精神，命名 90 家单位为“安徽省首批特色旅游名镇”，石牌镇入选。

2021年石牌镇入选“中国民间文化艺术之乡”

2021 年 11 月 3 日，文化和旅游部命名全国 183 个县（市、区）、乡镇（街道）为 2021—2023 年度“中国民间文化艺术之乡”，石牌镇入选。

附录

关于公布第三批安徽省千年古镇、千年古村落地名文化遗产名单的通知

各市及广德、宿松县民政局、住房和城乡建设委（局）、旅游局（委）、文物局、地方志办公室，合肥市规划局：

根据省民政厅、省住房和城乡建设厅、省旅游局、省文物局、省地方志办公室《关于开展安徽省千年古镇、千年古村落地名文化遗产认定工作的通知》（民地字〔2014〕142号）要求，在各地摸底筛选和逐级审核推荐的基础上，经省民政厅、省住房和城乡建设厅、省旅游局、省文物局、省地方志办公室评审并通过《安徽日报》、安徽省民政厅网站向社会公示，确定第三批安徽省千年古镇、千年古村落名单，现予公布（名单附后）。

各地要切实加强对千年古镇、千年古村落地名文化遗产的挖掘宣传保护和合理利用，营造保护地名文化遗产的良好氛围，从而不断提高地名文化遗产的社会认知度、知名度、影响力，传承传播地域特色文化，为我省经济社会发展和文化旅游建设打造知名品牌，增强文化软实力。

安徽省民政厅
安徽省住房和城乡建设厅
安徽省旅游局
安徽省文物局
安徽省地方志办公室
2016年12月27日

附件：第三批安徽省千年古镇、千年古村落地名文化遗产名单

千年古镇（20个）

安庆市怀宁县石牌镇

住房城乡建设部
关于公布第二批全国特色小镇名单的通知

（建村〔2017〕178号）

各省、自治区住房城乡建设厅，北京市住房城乡建设委、规划国土委、农委，天津市规划局，上海市住房城乡建设管委、规划国土局，重庆市城乡建设委：

为贯彻落实党中央、国务院关于推进特色小镇建设的部署，按照《住房城乡建设部关于保持和彰显特色小镇特色若干问题的通知》（建村〔2017〕144号）和《住房城乡建设部办公厅关于做好第二批全国特色小镇推荐工作的通知》（建办村函〔2017〕357号）要求，在各地择优推荐的基础上，经组织现场答辩、专家评审和公示，认定北京市怀柔区雁栖镇等276个镇（名单见附件1）为第二批全国特色小镇，现予以公布。

各省（区、市）住房城乡建设部门要做好特色小镇建设工作的指导、支持和监督，进一步保持和彰显特色小镇特色，同时，督促检查第二批特色小镇按照专家评审意见（见附件2）予以整改。我部将联合财政部等有关部门对已认定特色小镇工作推进情况进行检查。

附件：1. 第二批全国特色小镇名单

2. 专家组对第二批全国特色小镇的评审意见

住房城乡建设部

2017年8月22日

附件1：第二批全国特色小镇名单

十二、安徽省（10个）

安庆市怀宁县石牌镇

安徽省特色小镇建设领导小组办公室关于
公布第一批省级特色小镇名单的通知

（皖特镇办〔2017〕6号）

各市、县（市、区）人民政府，设区市直管开发区管委会，省有关单位：

根据《安徽省人民政府关于加快推进特色小镇建设的意见》（皖政〔2017〕97号）精神，经省特色小镇建设领导小组会议审议通过，并经省政府同意，对入围联审的43

个特色小镇，确定其中25个作为省级特色小镇，享受有关扶持政策；其他18个作为重点培育对象，命名为省级特色小镇（试验），同第一批省级特色小镇一并公布，参加第二批筛选并优先列入。各地及有关部门要抓紧开展工作，推动省级特色小镇加快建设，尽快发挥样板示范作用。

要把握内涵要求和建设原则。立足产业“特而强”、功能“聚而合”、形态“小而美”、机制“新而活”，高品质打造第一批省级特色小镇。坚持产业引领，把培育成长性好的特色产业放在首位；坚持因地制宜，做好小镇整体规划和形象设计，避免千镇一面；坚持市场主导，引入优秀企业负责建设运营，政府不能大包大揽，防止形成新的债务包袱；坚持融合发展，统筹生产、生活、生态空间布局，深挖延伸融合产业功能、文化功能、旅游功能和社区功能，促进叠加效应。

要加强组织领导和责任落实。按照“省统筹、市指导、县主体、镇落实”四级联动机制，有力有效有序推进特色小镇建设。领导小组成员单位要充分发挥各自职能作用，支持特色小镇培育建设。各市要建立相应协调机制，负责指导、协调、推进本地特色小镇建设工作。县（市、区）政府及设区市政府直管的开发区管委会是责任主体，要建立工作推进机制。乡镇（街道）要负责抓好落实。

要强化考核评估和监督管理。对省级特色小镇，每年评出优秀、良好、合格、不合格等次。对评估优秀、良好的小镇，给予一定奖励；对评估不合格的小镇，实行约谈；对连续两年评估不合格的小镇，退出并扣回奖励资金。强化监督，对特色小镇建设过程中出现的弄虚作假、重大安全事故、环境污染、文物破坏以及人民群众反映强烈的负面事件，经核实，予以退出并依法处理。

附件：1.安徽省省级特色小镇名单

　　　2.安徽省省级特色小镇（试验）名单

安徽省特色小镇建设领导小组办公室

2017年9月18日

附件1：安徽省省级特色小镇名单（25个）

8.安庆市怀宁县石牌戏曲文化小镇

关于命名安徽省首批特色旅游名镇的通知

各市文化和旅游局：

为贯彻落实《安徽省人民政府关于促进全域旅游发展加快旅游强省建设的实施意见》

（皖政〔2019〕41 号）精神，大力推进乡村旅游发展，助推乡村振兴，充分发挥乡村旅游品牌的示范带动作用，经各市申报、专家评审、综合评议和网络公示，命名合肥市肥东县长临河镇等 90 家单位为安徽省首批特色旅游名镇。希望被命名的单位，不断提高经营管理水平，提高服务质量和特色品位，为加快我省乡村旅游发展作出应有贡献。

特此通知

附件：安徽省首批特色旅游名镇名单

怀宁县石牌镇

安徽省促进旅游业改革发展领导小组

2021 年 5 月 8 日

文化和旅游部关于命名 2021—2023 年度“中国民间文化艺术之乡”的通知

各省、自治区、直辖市文化和旅游厅（局），新疆生产建设兵团文化体育广电和旅游局：

为传承中华优秀传统文化，弘扬社会主义先进文化，丰富广大人民群众精神文化生活，文化和旅游部于 2021 年组织开展了 2021—2023 年度“中国民间文化艺术之乡”评审命名工作。根据评审命名工作方案，经评审和公示，现决定命名北京市密云区古北口镇等 183 个县（市、区）、乡镇（街道）为 2021—2023 年度“中国民间文化艺术之乡”。

各级文化和旅游行政部门要全面贯彻落实党的十九大和十九届二中、三中、四中、五中全会精神，以习近平新时代中国特色社会主义思想为指导，坚持以人民为中心的工作导向，创新后续建设，规范长效管理，使“中国民间文化艺术之乡”成为推动基层公共文化服务高质量发展，促进文化事业、文化产业和旅游业融合发展，助力乡村振兴的重要抓手，为建设社会主义文化强国作出新的贡献。

特此通知

文化和旅游部

2021年11月3日

附件：文旅部2021—2023年度“中国民间文化艺术之乡”名单

安徽省安庆市怀宁县石牌镇　黄梅戏

主要参考文献

王毓芳等纂修:《怀宁县志》，清道光五年（1825）刊本。
程津浦主编:《当代怀宁》，黄山书社，1993 年。
长小贵主编:《安庆市文化志》，黄山书社，1999 年。
马乐主编:《怀宁年鉴（1986—1995）》，黄山书社，1999 年。
江文元主编:《怀宁县教育志（1898—2002）》，安徽大学出版社，2005 年。
汪华主编:《怀宁县志（1978—2002）》，黄山书社，2005 年
贺昌群:《元曲概论》，中国书籍出版社，2006 年。
王国维:《宋元戏曲史》，中国书籍出版社，2006 年。
孙清足主编:《黄梅戏演唱教学》，安徽文艺出版社，2013 年。
裴国熙主编:《怀宁县志》，黄山书社，2014 年。
王政尧主编:《清代戏剧文化考辨》，北京燕山出版社，2014 年。
孙培培主编:《戏曲音乐研究卷》，安徽文艺出版社，2015 年。
李小菊主编:《戏曲文学研究卷》，安徽文艺出版社，2015 年。
汪华主编:《怀宁年鉴（2008—2012）》，合肥工业大学出版社，2016 年。

编后记

2015年8月，石牌镇成立《中国名镇志丛书·石牌镇志》(以下简称《石牌镇志》)编纂委员会，组建编辑部，召开动员大会，邀请安徽省、安庆市、怀宁县地方志领导、专家作专业指导培训。编纂委员会按照怀宁县地方志编纂委员会办公室为《石牌镇志》草拟的编纂体例和编纂要求，广泛收集资料，经过严格的甄别、校核、分类、汇总，按照中国名镇志丛书的体例与要求，形成资料汇编。

2015年10月，编辑人员参加安徽省举办的“如何编纂名镇志名村志”培训，听取了中国地方志指导小组办公室、安徽省志书专家报告，根据此次会议精神和编纂要求，将资料汇编进行编辑、配图，形成评议稿。

2017年4月，怀宁县政府在石牌镇召开《石牌镇志》评议会，邀请省、市、县志办专家学者对《石牌镇志》进行评议，编辑部根据评议意见进行了整合、修改。

2018年4月,《石牌镇志》主编参加了由中国地方志指导小组办公室在西藏自治区林芝市主办的“中国名镇志、中国名村志丛书编纂业务培训班”。按照此次业务培训要求，编纂委员会对《石牌镇志》又进行了一轮打磨，增补了附录、主要参考文献。随后，编纂委员会先后五次收到方志出版社核查修改意见，遵循“合法、真实、全面、翔实”的原则，力求体现时代特色和地域特色，编纂委员会对《石牌镇志》进行了全面打磨、提炼。

《石牌镇志》的修编，得到了安徽省、安庆市、怀宁县地方志编纂办公室，安庆市戏剧创作研究室，怀宁县档案局、文化馆、图书馆、黄梅戏剧团等单位领导、专家的大力支持，吴毅安、占仰、何晨亮、潘孔佑、程起琳等专家学者给予了悉心指导和倾力相助，在此一并表示衷心感谢。

虽然数易其稿,《石牌镇志》仍因编撰人员水平有限，难免有错漏之处，请专家、读者批评指正。

编　者

2020年6月

官坝风轻鸟翩跹

中国名镇志丛书

《周庄镇志》
《第一关镇志》
《钱清镇志》
《冶源镇志》
《角直镇志》
《同里镇志》
《三阳镇志》
《枫泾镇志》
《李庄镇志》
《天穆镇志》
《虎门镇志》
《小榄镇志》
《北庭镇志》
《青木川镇志》
《永宁镇志》
《沙家浜镇志》
《虞山镇志》
《泽国镇志》
《南翔镇志》
《千灯镇志》
《东山镇志》
《巴城镇志》
《阳澄湖镇志》
《松口镇志》
《震泽镇志》
《黎里镇志》
《浏河镇志》
《锦丰镇志》
《寨市苗族侗族乡志》
《汤池镇志》（安徽）
《湾头镇志》
《中心店镇志》
《乌镇志》
《保安镇志》
《德凤镇志》
《瑷珲镇志》
《王家坪镇志》
《穆云畲族乡志》
《北京街道志》
《王村镇志》
《八一镇志》
《双林镇志》
《棘洪滩街道志》
《凤凰镇志》
《烟店镇志》
《光福镇志》
《梅李镇志》
《高家堡镇志》
《杨岭镇志》
《金港镇志》

《云梯畲族乡志》
《马口镇志》
《杨舍镇志》
《杨店镇志》
《河图镇志》
《浔中镇志》
《孤山镇志》
《汤池镇志》（湖北）
《伍洛镇志》
《汤家汇镇志》
《陇城镇志》
《塘桥镇志》
《兴隆华侨旅游经济区志》
《胜坨镇志》
《来凤街道志》
《木渎镇志》
《锦溪镇志》
《黄龙溪镇志》
《店塔镇志》
《镇湖街道志》
《北七家镇志》
《瓜洲镇志》
《安仁镇志》
《浦口镇志》
《唐崖镇志》
《和顺镇志》
《老城镇志》
《里耶镇志》
《芙蓉镇志》
《博鳌镇志》
《唯亭街道志》
《重安镇志》
《炯炀镇志》
《张谷英镇志》
《鸦滩镇志》
《玉皇庙镇志》
《木洞镇志》
《采育镇志》
《下司镇志》
《德平镇志》
《龙池镇志》
《浦市镇志》
《黄楼街道志》
《冉庄镇志》
《金庭镇志》
《石牌镇志》
《元和街道志》
《古现街道志》
《光塔街道志》
《邵伯镇志》
《石杨镇志》
《杨柳青镇志》
《天桥街道志》
《柘皋镇志》
《西沱镇志》
《咸水沽镇志》
《茶阳镇志》
《崖城镇志》